教育部人文社会科学项目"我国独立学院内部治理模式研究"（10YJA880087）的成果

WOGUO
DULI XUEYUAN
NEIBU ZHILI YANJIU

我国独立学院内部治理研究
——以广东省为例

刘铁　孙雪冬◎著

中山大学出版社
SUN YAT-SEN UNIVERSITY PRESS
·广州·

版权所有　翻印必究

图书在版编目（CIP）数据

我国独立学院内部治理研究：以广东省为例/刘铁，孙雪冬著．—广州：中山大学出版社，2018.7

ISBN 978 - 7 - 306 - 05969 - 7

Ⅰ.①我…　Ⅱ.①刘…②孙…　Ⅲ.①高等学院—学校管理—研究—中国　Ⅳ.①G647

中国版本图书馆 CIP 数据核字（2017）第 006966 号

出 版 人：	王天琪
策划编辑：	陈　霞
责任编辑：	陈　霞
封面设计：	林绵华
责任校对：	周　玢
责任技编：	何雅涛
出版发行：	中山大学出版社
电　　话：	编辑部 020 - 84110283，84111996，84111997，84113349
	发行部 020 - 84111998，84111981，84111160
地　　址：	广州市新港西路 135 号
邮　　编：	510275　传真：020 - 84036565
网　　址：	http：//www.zsup.com.cn　E - mail：zdcbs@ mail.sysu.edu.cn
印 刷 者：	虎彩印艺股份有限公司
规　　格：	787mm×1092mm　1/16　13.5 印张　207 千字
版次印次：	2018 年 7 月第 1 版　2018 年 7 月第 1 次印刷
定　　价：	34.00 元

如发现本书因印装质量影响阅读，请与出版社发行部联系调换。

序

本书系笔者主持的2010年度教育部人文社科项目"我国独立学院内部治理模式研究"（10YJA880087）的成果。

独立学院是我国高等教育发展过程中的新生事物，是典型的"外延式"增长的产物，从它的前身"国有民办二级学院"出现那天起就一直争议不断。从积极的方面来看，它的出现增加了高等教育入学机会，在我国高等教育大众化进程中功不可没，吸引了社会资源对高等教育的投入，更主要的是它为"计划经济体制下最后一个堡垒"的高等教育在面向市场、提高办学质量和效益方面提供了一个样板。从消极的方面来看，独立学院的出现使愿意支付较高费用的学生可以以较低的分数读本科，而同样分数却没有支付能力的学生则没有这个机会，加剧了高等教育的不公平；教育行政部门对独立学院按照民办高校的规则进行管理，而它"非公非私""半公半私"的性质使其在办学过程中与其他民办高校相比有一定的优势，这对普通民办高校来说是一种非公平竞争。

由于我国独立学院出现的时间短、发展迅速，很多问题自然也相伴而生。如产权问题、收益问题特别是学校的主要利益相关者如教师和学生的权利及权益如何保障等问题都迫切需要得到解决。由于政府对于独立学院的政策起初处于边整边改、"摸着石头过河"的状态，很多根本问题都需要在实践和理论建设中加以研究和探索，这是笔者写作本书的初衷。

广东作为改革开放的前沿、全国经济大省之一，其高等教育特别是优质高等教育资源较其经济发展而言较为稀缺。改革开放后，随着经济的发展，社会对高等教育特别是优质高等教育的需求随之增大，只依靠公立高等教育是不能在短期内解决优质高等教育资源短缺问题的。所以，广东和全国一样，在特定时期实行外延式增长是不二之选。同时，由于高等教育资源处于稀缺状态，非公立高等教育市场较大，也为民办高校包括独立学院的发展提供了土壤。

本书之研究基于如下假设：由管理走向治理是教育行业乃至每所

高等教育学校的必由之路，独立学院作为一种"体制外"的办学形式，出现的历史短、没有公立高校的制度惯性，相对容易实现由管理到治理的转变。广东虽然不是最早出现独立学院的省份，在数量上也不是最多的，但总体发展态势较为健康，类型也全，最具代表性。

笔者首先梳理了治理理论的概念、内涵及其对高等院校的适用性，分析了高校治理与企业治理的异同，为后面的研究打下了理论基础；分析了全国独立学院产生发展的历程、办学模式及治理现状、存在的问题；然后以广东为例，在简要介绍广东独立学院发展状况之后，通过问卷、访谈等形式对广东独立学院的主要利益相关者进行调查，了解他们对所在独立学院治理中存在问题的认识和看法；接着又借鉴了国内外公私立高校治理的经验和启示，最后提出完善独立学院内部治理需要具备的条件并指出和分析了独立学院未来发展的几种趋势和走向。

本书引用了很多同行的研究成果或观点，在此表示衷心感谢！因为时间仓促问题，书中难免会有错漏之处，敬请各位读者海涵并指正。

目　录

第1章　绪　论 …… 1
1.1　选题背景 …… 1
1.2　研究的问题 …… 6
1.3　研究的意义和价值 …… 9
1.4　概念界定 …… 10
1.5　研究综述 …… 13
1.6　研究思路 …… 38
1.7　研究方法 …… 39

第2章　独立学院内部治理的理论基础 …… 41
2.1　法人的概念及分类 …… 41
2.2　法人治理结构溯源 …… 42
2.3　法人治理结构引入我国高等学校的背景分析 …… 50
2.4　高校法人治理与企业法人治理的异同 …… 53
2.5　高校法人治理结构 …… 58
2.6　独立学院法人治理结构的提出 …… 63
2.7　独立学院法人治理结构的基本框架 …… 65

第3章　我国独立学院的发展历程、治理特点及现实问题 …… 70
3.1　独立学院产生和发展的背景 …… 70
3.2　独立学院的发展历程及治理特点 …… 75
3.3　独立学院法人治理结构面临的现实问题 …… 85

第4章　广东省独立学院的产生、发展及治理 …… 95
4.1　广东省独立学院产生的背景 …… 95
4.2　广东省独立学院的发展历程 …… 103
4.3　广东省独立学院发展状况 …… 105

  4.4 广东省独立学院治理模式的发展规律和趋势 …………… 112
  4.5 广东省独立学院的治理类型 …………………………… 114
  4.6 广东省独立学院内部治理现状及存在的问题 ………… 115

第5章 国内外同类高等学校治理经验及启示 ………………… 140
  5.1 国内高校的内部治理 …………………………………… 140
  5.2 国外高校的内部治理 …………………………………… 144
  5.3 国外高校治理经验及对我国独立学院治理的启示 …… 169

第6章 广东省独立学院健康发展的现实选择 …………………… 174
  6.1 完善广东省独立学院内部治理的对策和建议 ………… 174
  6.2 独立学院未来走向 ……………………………………… 183
  6.3 广东省独立学院与母体高校关系健康发展的现实选择
    ——转设为民办高校 …………………………………… 186
  6.4 广东省独立学院转设为民办普通本科高校的几点
    建议 ……………………………………………………… 198

参考文献 ………………………………………………………………… 205

第 1 章 绪 论

1.1 选题背景

独立学院源于普通高校按新机制、新模式与社会力量合作举办本科层次的二级学院，其最大的特点是办学经费不由政府财政性投入，并且按民办机制运营。从 1999 年出现国有民办二级学院这种办学形式以来，相关的争论一直没停过。独立学院的发展历程其实就是由公立大学民办二级学院向独立学院转变的过程。

我国是个人口大国，多年来，"穷国办大教育"使我国政府的教育财政负担非常沉重。特别是随着 1999 年高校扩招和高等教育大众化进程的启动，大部分公办大学的潜力已经充分发挥，容量已经接近饱和，部分高校甚至处于超负荷运转状态。在这种情况下，采取新的教育措施刻不容缓。而且，根据《中国教育与人力资源问题报告》预测，2020 年中国高等教育发展将达到 3300 万在校生的总规模，也就是说，在 2002 年全国高等院校在校生 1600 万人的基础上翻上一番。而从本科教育来看，即使招生比例仍保持占总招生人数 40% 的低水平，到 2020 年本科生的总量也将比目前净增 680 万人。[①] 从 1999 年开始的高校扩招，很快就已经实现了高等教育规模的大跨越，超越了原定 2020 年的在校生规模及高考录取比例，而且为了鼓励社会力量办学，促进社会力量办学事业健康发展，国家先后颁布《中华人民共和国高等教育法》和《关于深化教育改革全面推进素质教育的决定》等一系列政策法规，要求"进一步解放思想、转变观念，积极鼓励和支持社会力量以多种形式办学，满足人民群众日益增长的教育需求，形成以政府办学为主体、公办学校和民办学校共同发展的格局。凡符合国家有关法律法规的办学形式，均可大胆试验。在发展

---

① 袁韶莹、齐凤和：《试论我国独立学院的发生、发展与前景》，载《现代教育科学》2005 年第 4 期。

民办教育方面迈出更大的步伐"①。同时，还要因地制宜地制定优惠政策，如土地优惠使用、免征配套费等，支持社会力量办学。这些举措都表明，政府对民办高等教育的态度是越来越明朗化，由计划经济时代的"严格控制"变为"积极鼓励"。民办高等教育便在这种政策利导的大环境下蓬勃发展起来了。

然而，由于高校扩招基本是在原有普通高等教育系统内进行，新办的民办院校并没有被委以扩招的任务，相反，由于公办高等教育系统的扩招，民办院校反而在发展空间上受到一定的影响——独立学院的前身——公立大学下的民办二级学院夹缝出生了。总的来说，它是在公立高等教育的投入不足而容量接近饱和或超负荷运转状态下和民办高等教育发展相对艰辛的背景下探索出来的一种高等教育办学体制改革的新模式，这类新机制二级学院在扩大优质高等教育资源和解决高校扩大招生规模问题上发挥了积极的作用。而独立学院，则是教育部为了进一步促进高等教育办学体制的改革与创新、自上而下地对公立大学民办二级学院进行规范而出现的高校办学新模式，这是一种既有别于公立大学又有别于公立大学二级学院和纯民办高校的全新办学模式。

二级学院最先出现在江苏、浙江两省，这两个省是全国市场化进程较快和经济发展迅速的省份。1999年7月，浙江大学试办的独立二级学院——浙江大学城市学院被教育部批准为"独立学院"。从此，"独立学院"作为公办高校教育资源外延性扩张的一种特殊形式，发展势头强劲，短短几年，就从沿海地区发展到全国的大部分省市。仅从浙江、江苏两省来看，据不完全统计，1999年浙江20所本科院校中有18所共创办了19所独立学院；江苏省设置了23所独立学院。浙江省独立学院1999年招生4000多人，2000年达到11000人，2001年招生规模超过20000人，使浙江省2001年的本科生入学人数增到50000人，毛入学率由1998年的8.9%上升到2001年15%，高考录取率也由1998年的35%上升到2001年的68%，基本达到高等教育大众化水平。江苏省也不例外，公有民办二级学院的发

---

① 尹伟：《独立学院的发展历程与特征探析》，载《高等农业教育》2007年第8期。

展也相当迅速，从1999年开始，40多所本科院校有半数以上创办了公有民办二级学院，办得比较成功的也不在少数，形成了一定的规模。① 从全国范围来看，从1999年高校大规模扩招到2003年这四年间，是独立学院迅猛发展时期，从1999年最初的江苏、浙江两省举办独立学院，到2003年全国有25个省市举办独立学院，独立学院数目达到300多个，本科在校生40多万人。初步形成占地约7万亩（1亩=666.667平方米）、校舍约876万平方米、教学仪器设备约12亿元、图书约2000万册的高等教育资源②。

然而，独立学院快速发展的过程中，许多问题也纷纷浮出了水面，如文凭问题、产权问题、母体问题、教育质量问题等等。为此，教育部于2003年4月颁布了《关于规范并加强普通高校以新的机制和模式试办独立学院管理的若干意见》（以下简称《8号文件》），2003年8月又下发了《关于对各地批准试办的独立学院进行检查清理和重新报批工作的通知》，并组织力量根据《8号文件》的要求，对全国各地、各高校举办的360多所民办二级学院的"校中校"以二级学院名义"双轨收费"、产权不明晰、民办机制不健全、不独立发文凭等办学失范行为进行了清理整顿，最后取消了100多所，重新备案最终确认了249所。③ 2004年7月，经教育部审核，在全国范围内确认了233所独立学院。2005年4月，全国有独立学院294所，并且都已"具有独立的校园和基本办学设施，实施相对独立的教学组织和管理，独立进行招生，独立颁发学历证书，独立进行财务核算"，"具有独立法人资格，能独立承担民事责任"。2006年11月16日，独立学院在29个省市共有318所。

经过多年选择采用适合我国具体情况的多种高等教育办学模式的实践，学界发现办独立学院是一种具有中国特色、富有发展活力、能

---

① 尹伟:《独立学院的发展历程与特征探析》,载《高等农业教育》2007年第8期。

② 周济:《促进高校独立学院持续健康快速发展》,载《教育发展研究》2003年第8期。

③ 刘凤泰:《从专项检查看独立学院的生成与发展》,载《中国高等教育》2005年第17期。

够较好地适应我国高等教育现阶段发展特点的高等教育创新模式。近年来的实践证明，在我国当前的国情下，试办独立学院是高校办学机制创新与模式改革上的一项重大突破。独立学院的进一步发展既可快速改善高层次、优质普通高等教育资源的有效供给状况，又能够促进优质高等教育资源的迅速扩大，从高等教育办学规模、层次、质量和投入诸方面发挥独特的重要作用，并成为当前和今后一段时期推进我国高等教育健康发展的一个重要方面。

试办独立学院可以使公办普通高校的办学资源优势、教学传统、师资队伍与管理效率与社会资本互相结合，为这一新型高等教育机构采用民办机制、实现高起点快速发展提供强有力的支撑与保障，从而在一定程度上大大缓解高层次高等教育的供需矛盾。独立学院以其"独立的法人资格、独立的校园校舍、独立的教学和财务管理、独立招生和颁发文凭"，在采用民办机制面向社会实际需求灵活办学方面，已形成了明显的办学特色，积累了宝贵的经验，受到了社会和家长的普遍欢迎。

试办独立学院开辟了依托公办普通高校的智力资源和办学品牌、大量吸纳社会资本、有效增加办学投入以及在体制外迅速集聚办学资源的一个新途径。我国现有的公办高校尤其是一些研究型大学，多数拥有良好的社会声誉和办学水平，但与其规模发展相比，经费增长缓慢，财务状况捉襟见肘，使其进一步规模扩展受到掣制。而利用公办普通高校的智力资源试办独立学院，则能够调动社会各方面办教育的积极性，多渠道、多形式地吸引社会资金投入，在不增加和占用国家教育拨款的情况下，更快更好地扩大本科层次高等教育可利用资源。据2003年上半年的统计，全国独立学院的占地已达约7万亩、校舍面积约876万平方米、教学仪器设备约12亿元、图书约2000万册。

试办独立学院有利于放大公办普通高校长期积淀的智力资源优势，能够通过嫁接、辐射于民办高校，在高等教育规模迅速扩展的过程中发挥重要的质量监控、保证作用。我国一大批公办普通高校有好的教学传统和教学资源，也有好的管理模式，而且教师队伍优良、确有余力。独立学院在孵化阶段能够分享公办普通高校的教育教学、管理资源和校园文化，这对于独立学院建立规范的教育教学体系、保障人才培养质量，能够产生重要的监督、保证作用。

试办独立学院将为高等教育发展和高校办学注入新的竞争与活力。独立学院凭借灵活自主的办学机制、民营化的办学模式和丰富的生源基础，既能够克服公办普通高校机制不活、缺乏效率或脱离社会实际需求的一些弊端，又可以避免一般民办高校客观存在的资源配置层次低、缺乏学科发展基础的不足，在办学机制、管理和资源等方面取得一定的办学优势。这一优势无疑将对长期困扰高等教育健康发展的体制、机制及陈旧思维模式等产生巨大的冲击。独立学院相对灵活的专业设置及毕业生就业适应性强等办学特色，将给公办普通高校的社会适应性及人才培养模式创新带来新的促进，将有利于承担高科技创新和高层次人才培养重要职能的公办普通高校减小招生压力、集中力量跻身于高水平研究型大学之林；独立学院的高起点发展也将在学科建设、办学条件改善和办学质量提高诸方面，为民办高等教育的进一步发展与提高带来新的推动。

自教育部于2008年4月1日正式实施《独立学院设置与管理办法》（中华人民共和国教育部令第26号，以下简称"26号令"）开始，独立学院进入一个新的发展时期。"26号令"进一步明确独立学院的民办属性，强调独立学院在法律和制度上的独立地位，同时更强调提高独立学院的办学水平和教育质量。"26号令"的出台，昭示了独立学院进入一个关键的制度变迁时期。

"26号令"的出台使独立学院面临转制的问题，部分独立学院也选择了转制为民办高校，但是，多数独立学院还将继续以独立学院模式存在。这主要是因为：第一，市场的需求。高等教育在我国一直是稀缺资源，经费不足问题一直都存在，独立学院作为一种富有活力的办学机制，能有效弥补高等教育经费不足的问题。它既没有寻求国家的投入，又满足了我国高等教育急剧扩张的需要和市场多元主体对高等教育的追求。由于依托了公立高校，独立学院相比一般民办高校，在办学机制、管理水平、教育教学资源等方面都有较大优势，能够满足广大学生及学生家长对于优质高等教育的需求。第二，政府的支持。《中华人民共和国高等教育法》规定：要"采取多种形式积极发展高等教育事业"。"采取多种形式"是"积极发展高等教育事业"

的前提，因此，对于有利于发展高等教育事业、有利于促进高等教育大众化健康发展的办学形式，我们都应当给予鼓励和支持。在独立学院发展之初，政府的扶植政策十分优厚。政府本着"保护和鼓励"及"积极发展、规范管理、改革创新"的原则，鼓励和支持了独立学院的快速发展。在独立学院发展过程中，政府也制定了相关法规进行引导和规范。由于得到政府政策的大力扶持和鼓励，独立学院仍将在今后一段时间内合法存在。第三，母体高校方面。母体高校不愿轻易放弃自己的既得利益。公办高校申办独立学院不需要投入资金，只需将"品牌"作为无形资产，直接从独立学院那里受益。很多母体高校每年直接从独立学院拿走学生学费收入的20%左右。以办学规模为1万人左右的独立学院为例，其背后的母体高校每年直接收益额在3000万元左右。这笔收入十分可观，且属于学校的计划外收入，对于其如何使用学校是拥有自主权的。如果独立学院真正独立，母体高校将损失这笔收入资金。相比之下，母体高校更希望独立学院继续以目前的状态存在下去。第四，独立学院自身方面。独立学院从一开始就对母体高校的依托、依赖性很强；而且借助母体高校的品牌效应，独立学院不仅容易获得家长和学生的认可，而且更容易获得政府和企业的支持。总体来看，目前独立学院的羽翼还不丰满，再加上我国民办高等教育发展不完备，公办大学的退出机制也不成熟。独立学院这一办学形式还将在相当长的一段时间内继续存在。

1.2 研究的问题

现代大学制度的核心是"在政府的宏观调控下，大学面向社会，依法自主办学，实现民主管理。其关键在于要全面理解和把握大学作为法人实体和办学主体所具有的权利和责任，正确处理好大学与政府、社会之间的关系和学校内部决策者、管理者、教职工等权益相关人之间的关系"①。这实质上就是指高等教育的外部法人治理结构和

---

① 杨炜长：《民办高校治理制度研究》，国防科技大学出版社2006年版，第25页。

内部法人治理结构。因此，可以说大学法人治理结构是现代大学制度的核心。独立学院是高等教育领域中出现的新事物，是一种特殊的民办高等教育办学模式。在如今独立学院进入规范管理、提高质量的阶段，其治理结构的构建和完善更显得十分关键，研究治理问题更显得重要和迫切。

目前，这些独立学院在法人治理结构方面主要存在以下几大现实问题。

1.2.1 我国独立学院的治理目标凸显了资本的逐利性

具体表现为以下两点：首先，公办高校与投资方合作举办独立学院原本就是出于利益的驱使，在多数独立学院的办学章程中，都有对合作双方利益分成的相关规定，因此可以说，公办高校与投资方更多的关注的是如何进行利益的分配，而忽视了教育的公益性。该做法忽略了一个事实：无论捐资或投资，公办高校与投资方举办独立学院是属于教育事业。他们所投入的资产应当全部作为独立学院的发展经费。办一所大学，只有不断地增加教育的投入才能越办越好。如果办教育事业，考虑的只是如何获利，那么教育的公益性何在？其次，我国独立学院创办实践过程中存在一所大学举办多所独立学院、一个投资方投资多所独立学院的现象。这一现象表明，公办高校与投资方举办独立学院的动机是寻求各自的利益，而不仅是教育的公益性。一所母体高校举办多所独立学院，使其能够收取更多固定的管理费；一个投资方投资多所独立学院，投资方能够获得更多收益，更表明其对投资独立学院的利益追求。如果只是为了办公益事业，投资独立学院无利可图，可以想象公办高校与投资方举办或投资独立学院的热情肯定没这么高。

如果独立学院法人治理目标继续朝着寻求各自利益分配的方向，将不利于独立学院的可持续发展，更不利于我国高等教育事业的发展。

1.2.2 独立学院法人治理结构产权不明晰问题

公办高校、社会投资者和独立学院三方,作为独立学院的产权主体,相应的责、权、利关系不明确。首先,对于合作办学条件,公办高校投入的是无形资产,投资方投入的是有形资产。如何评估公办高校的无形资产,如何确定公办高校所投入无形资产的比例,这些问题都是不明晰的。对于合作双方投入的模糊界定不利于独立学院的产权明晰。其次,在独立学院办学过程中,更多地关注公办高校与投资方,而忽视了独立学院这样一个重要的独立法人实体。申请者、合作者、独立学院都是独立法人,这三者究竟处在什么位置上?他们相互之间是什么样的关系?这是产权明晰的基础。根据《中华人民共和国高等教育法》,出资者即举办者,办学者是高等学校自身。那么,公办高校作为独立学院无形资产的出资者,投资方作为独立学院有形资产的出资者,都是属于独立学院的举办者,而独立学院的办学者就是独立学院自身。而事实上,独立学院自身作为办学者的法律地位和权利责任并没有真正得以确立和确认。最后,针对办学收益的分配,一般公办高校是按事先协议好的百分比抽取学生实际学费收入。公办高校拥有学费收入的百分比依据是什么?为什么各个学校的比例不同?对于如何认定公办高校无形资产的产值、认定投资方的投资资产以及认定这些资产如何过渡到独立学院名下等问题,这些都没有得到相应解决。

产权配置结构对治理结构有决定作用,而产权不明晰就会导致产权配置结构的不合理,从而导致治理结构的不合理。

1.2.3 独立学院的内部决策机制不合理

主要表现为:董事会成员结构不合理,董事会决策不民主。董事会制度是法人治理结构的核心内容。目前在我国独立学院中,基本实行的是董事会领导下的校长负责制,董事会是最高决策机构。

目前,我国多数独立学院的董事会基本来自于两方——公办高校与投资方。这样的董事会组成显然是不合理的。如果继续以这种格局组成董事会,势必导致两大利益集团的博弈。投资方代表投资方利益,公办高校代表公办高校利益,那谁来代表独立学院的利益呢?此外,来自公办高校的董事在独立学院董事会中占少数,在董事会运作中普遍处于弱势;来自投资方的董事在独立学院董事会中占多数,在董事会决策中势必占绝对优势,在决策上、管理上控制学院的整体工作,特别是控制资金使用和调拨。此外,在公办高校与投资方合作型办学的多数独立学院中,一般呈现出投资方在董事会人数中占多数,公办高校在人数上则处于劣势的现状。学院许多决策问题都是由董事长来决策的,而董事长一般都是由投资方代表担任。这种决策方式不利于独立学院法人治理结构的完善。董事长作为投资方代表,势必会首先考虑自身利益。投资方办教育,经常会出现有利于投资方的利益而违背教育规律的现象。

独立学院内部决策机制的不合理问题,既不利于独立学院的健康可持续发展,更不利于我国教育事业的长远发展。

总之,目前我国独立学院法人治理结构还存在许多不完善、不合理之处,"26号令"颁布之后,独立学院进入规范管理、提高质量的阶段,构建和完善现有的法人治理结构更显得十分关键。独立学院作为法律规定的具有独立法律地位的法人,应当建立什么样的法人治理结构;独立学院现实的治理结构是一个什么样的现状,是哪些因素导致了这种状况;独立学院从现实的治理结构转变为理想的法人治理结构的路径是什么,这是本研究关注的三个相互关联的问题。

1.3 研究的意义和价值

在经济发达、教育资源充足的广东省,独立学院最多时发展到了17所,为合理利用该省高等教育资源并推进高等教育大众化做出了很大的贡献。从最初试办二级学院到现在,广东省独立学院在其办学发展过程中,也同其他省(市、自治区)独立学院发展一样,出现了很多问题,如独立学院的"独立"困境、产权不清晰、董事会制度不完善、内部运行机制不完善、转型方向不明确以及独立学院收益分配不合理等问题。这些问题的解决都依赖于独立学院内部治理的健全与完善,因此,从利益相关者的视角来研究广东省独立学院内部治理具有十分重要的理论价值和现实意义。

1.3.1 从理论上来说,本研究有利于丰富我国高等教育管理理论

高校治理理论与高校管理理论存在着本质上的区别,高校管理一般都是"单向"的,授权是"自上而下"的,而高校治理是"多向交叉"的,通过制度设计和组织运行规范,使开放系统中的任何一方在制约他方的同时也受到制约。高校治理是在大学利益主体多元化以及所有权与管理权分离的情况下,协调高校各利益相关者的相互关系,降低代理成本,提高办学效益的一系列制度安排。对独立学院的内部治理的研究,可以转换长期以来以管理为主的传统方式,使治理理论与管理理论更好地结合,拓宽高校管理的视角。作为我国高等教育领域的一种新生事物,独立学院在运营管理上体现了民办民营的特点和机制,这种教育机构的治理与现代企业的治理在理论上相通,在实践层面也面临着相似的背景和出发点,对广大的公办高校如何进行内部管理的改革有其重要的借鉴和参考意义。

1.3.2 有利于引导独立学院规范健康发展

在实践上,独立学院作为一种新生事物,在发展和治理过程中肯定存在很多不尽人意的地方,对其治理问题进行研究,有利于引导独立学院规范健康发展。独立学院的规范健康发展,对我国高等教育大众化的健康发展也会起到促进作用。广东省在独立学院的创办和发展过程中积累了宝贵的办学经验,从中调查独立学院内部治理的现状,分析其长处和不足并完善,可以为其他省(市、自治区)独立学院改善内部治理提供借鉴,同时,也会对广东省独立学院今后的规范发展起到理论引导和实践参考作用。

1.4 概念界定

本研究所涉之核心概念有独立学院、法人治理结构、高校法人治理结构、独立学院法人治理结构。对核心概念的界定,有助于进一步

厘清研究的对象。

1.4.1 独立学院

2003年4月，教育部颁发了《关于规范并加强普通高校以新的机制和模式试办独立学院管理的若干意见》。这是第一个专门针对独立学院的政策性文件，"独立学院"首次出现在官方文件之中。该文件对独立学院的概念进行了界定，即"指普通本科高校按照新机制、新模式举办的本科层次的二级学院"。同时文件强调，一些普通本科高校按公办机制和模式建立的二级学院、"分校"或其他类似的二级办学机构不属此范畴。所谓新机制，即采用民办机制，学院所需经费投入及其他相关支出均由社会力量承担或以民办机制共同筹措，学生收费标准按国家有关民办高校招生收费政策制定。新模式坚持一个"独"字，即具有独立的校园和基本办学设施，实施相对独立的教学组织和管理，独立进行财务核算，独立进行招生，独立颁发学历证书，具有独立法人资格、能独立承担民事责任，独立填报《高等教育基层统计报表》等。①

2008年2月4日，教育部关于独立学院的另一政策性文件——《独立学院设置与管理办法》经教育部部务会议审议通过，于2008年2月22日发布，自2008年4月1日起施行。其中明确指出："本办法所称独立学院，是指实施本科以上学历教育的普通高等学校与国家机构以外的社会组织或者个人合作，利用非国家财政性经费举办的实施本科学历教育的高等学校。"

目前，我国的独立学院按照投资与合作方式分类，主要包括两大类型的办学模式。

1.4.1.1 "公办高校+社会投资方"模式

此类模式的独立学院，其合作方是国家机构以外的社会组织或者个人。独立学院的合作方是企业，企业作为主要出资方参与办学，母

---

① 参见教育部（教发〔2003〕8号）发布的《关于规范并加强普通高校以新的机制和模式试办独立学院管理的若干意见》。

体高校与企业通过签订合作协议明确双方权利义务。一般来说，独立学院办学条件和硬件设施的建设由企业负责，学生教育和日常管理等软件建设由母体高校负责。该类模式属于比较规范的独立学院办学模式。

1.4.1.2　公办高校独家举办模式

此类模式的独立学院，没有真正的"合作方"，而是由普通高校自行筹资建设，教学资金和资源都是由举办高校自行调度，独立学院的"教师大部分来自举办高校，少部分为兼职教师"。"在管理上体现为民办性质"，有独立招生、独立发放文凭、独立财务核算和独立法人的资格。此外，该模式的独立学院还包括合作方是政府或国有企业的独立学院，地方政府主要负责资金、土地和校园建设，母体高校负责教学和管理。这里的政府是指地方政府，主要是省级以下地方政府。这种办学模式实质上就是我们常说的"校中校"。

1.4.2　法人治理结构

法人治理结构又称公司治理结构（corporation governance structure），主要是指用于实现企业目标的一套制度安排。狭义的公司治理主要是指公司内部股东、董事、监事及经理层之间的关系，广义的公司治理还包括与利益相关者（如员工、客户、存款人和社会公众等）之间的关系。法人治理结构的关键在于明确而合理地配置各自之间的权力、责任和利益，从而形成有效的制衡机制，以保证效率的提高和公司目标的实现。因此，法人治理结构是现代企业制度中最重要的组织架构。

法人治理结构按照公司法的规定由四个部分组成：①股东会或者股东大会，由公司股东组成，所体现的是所有者对公司的最终所有权；②董事会，由公司股东大会选举产生，对公司的发展目标和重大经营活动做出决策，维护出资人的权益；③监事会，是公司的监督机构，对公司的财务和董事以及经营者的行为发挥监督作用；④经理，由董事会聘任，是经营者、执行者。

1.4.3 高校法人治理结构

通过公司法人与高校法人、公司法人治理与高校法人治理的对比，笔者发现，高校法人治理与企业法人治理既有相似之处也存在差异。高校法人治理结构需要借鉴企业法人治理结构，同时更需要结合高校自身特点，高校法人治理结构必须以坚持教育的公益性，坚持有利于实现大学公益性目标为基本前提。本书引用龚怡祖对"大学治理结构"所下的定义："它是能够体现大学的利益相关者组织属性和委托代理特点，以大学法人财产为契约对象、以利益相关者为契约关系中的签约主体、以实现公共利益为目标、旨在回应'冲突和多元利益'的大学决策权制度安排。"①

高校法人治理结构应当包括三个最基本的要素，即高校法人治理的目标、高校的产权制度以及高校的利益相关者问题。

1.4.4 独立学院法人治理结构

结合独立学院的自身特点以及高等学校法人治理结构的内涵，本书提出独立学院法人治理结构是在坚持教育公益性的前提下，以独立学院产权制度安排为核心，对举办高校、投资方以及独立学院自身等利益相关者的权利分配与制衡所做的一套制度安排。

独立学院的治理结构的基本框架主要包括治理目标、产权制度和治理机制。

1.5 研究综述

根据本研究的需要，参考文献主要涉及两个方面的内容：其一是关于我国独立学院的产权、内部管理、治理等规范发展方面的文献；其二是关于利益相关者理论在我国高等教育治理中的应用方面的研究。有关我国独立学院的研究，主要集中在对独立学院的产权、内部

---

① 龚怡祖：《现代大学治理结构：真实命题及中国语境》，载《公共管理学报》2008年第4期，第72页。

管理、治理等方面的研究。

1.5.1 关于独立学院的概念和特征的研究

教育部在2003年4月24日印发的《关于规范并加强普通高校以新的机制和模式试办独立学院管理的若干意见》中明确指出：独立学院是专指由普通本科高校按新机制、新模式举办的本科层次的二级学院。不同于以往普通高校按照公办机制、模式建立的二级学院、分校或其他类似的二级办学机构。①而2008年2月4日经教育部部务会议审议通过的《独立学院设置与管理办法》，对独立学院重新做了定义，即指实施本科以上学历教育的普通高等学校与国家机构以外的社会组织或者个人合作，利用非国家财政经费举办的实施本科学历教育的高等学校②。对于独立学院的定义，在学术界大概形成了以下三种观点：以马卫中、韦恒为代表的一部分学者将独立学院创办所需资源的投入主体的不同作为衡量标准，认为独立学院是由社会力量出资提供办学所需的一切硬件设施、由公立高校提供办学所需的一些软件设施（如师资、管理人员等）的办学组织形式③；而以东亮为代表的一部分学者则从办学体制和运行机制的角度来定义独立学院，认为其是指普通高等学校创办的或者附属于普通高校的、具有制度创新内容（包括学院的办学体制、管理体制、筹资体制）和新的运行机制的二级学院④；赵蒙成、周川则从经费来源和自主权的不同定义独立学院为以社会资源为主要经费来源，拥有较大自主权和独立性的依附于国有普通高校的综合性二级学院。

独立学院作为一种新生事物，自身具有了既不同于公办高校也不同于普通民办高校的特征，学者们对此有着不同的见解。

---

① 参见教育部《关于规范并加强普通高校以新的机制和模式试办独立学院管理的若干意见》（教发〔2003〕8号）。
② 参见教育部《独立学院设置与管理办法》（教发〔2008〕26号）。
③ 马卫中、韦恒：《探索者的脚步——苏州大学文正学院教学管理论集》，苏州大学出版社2001年版，第238页。
④ 东亮：《二级学院与"一校两制"》，载《教育发展研究》1999年第5期。

学者张卫平认为，独立学院在其发展过程中，显示出了不同于公办高校和纯民办高校的特征，如创业性、独立性、基础性、整合性和民营性。而学者金彦龙、李福学等则认为独立学院具有的特征为：①采用新的办学模式。这种办学模式凸显了一个"独"字，具有独立法人资格、独立校园和基本的办学设施，实施相应的教学组织和管理，独立进行招生，独立颁发学历文凭，独立进行财务核算，独立承担民事责任，独立填报《高等教育基层统计报表》，相较于公办高校与一般的民办高校，独立学院具有较大的自主权。②采用民办机制办学。即合作方承担着民办高校所需的经费投入和其他的相关支出，或者以民办机制来共同筹措，学生收费标准也按国家有关民办高校招生收费政策制定，这些方面与民办高校有些相似。③实行新的管理体制。即灵活自主的办学机制、民营化的办学模式和丰富的生源基础使得独立学院既克服了公办普通高校机制不活的弊端，又避免了一般民办高校资源配置层次低、学科发展基础较差的不足，在办学机制、管理和资源方面充分体现了其办学优势①。④专业设置的倾向性。独立学院的另一办学特色就是，以社会需求导向设置专业，对市场需要有快速的反应能力，能准确判断和预测社会对人才的需求，以专业优势作为生产点。

综上所述，学者们对独立学院内涵和特征的研究都涉及独立学院在机制和模式上的运行特点，但对独立学院的本质还有待于进一步研究。独立学院作为一种新的教育组织形式，它与其他高等教育组织机构的根本区别不是"机制"与"模式"，产权结构的不同才是本质所在。

1.5.2 关于独立学院产权的研究

明晰独立学院的产权关系是独立学院健康规范发展的前提条件，因为这为完善独立学院的治理奠定了法律基础，建立了机制保障。

苏武江等人认为，独立学院多元化产权主体的现实特点决定了独

---

① 金彦龙、李福学、牛似虎：《独立学院的管理模式与运行机制》，知识产权出版社2008年版。

立学院可分为"公有的"和"典型的"两种类型①，但这两种类型的独立学院都面临着因各种性质的产权主体之间的利益博弈而严重影响其办学质量和发展前途的问题。针对此问题，他提出了明确独立学院的法人主体性质，健全公有资产的退出机制，完善市场进入的政策模式，建立高校无形资产评估和管理机制等措施。

庄莉等人认为，目前独立学院产权制度的现状存在着产权关系模糊不清，办学主体责、权、利不明确，产权结构不规范，无形资产在产权中地位不明显等主要问题②。对于这些问题，他们提出了相应的改进措施：明晰产权关系和产权结构及法人治理结构；积极探索无形资产评估新方法；构建独立学院的教育股份制；加强国有资产的管理和监督，等等。他们着重就独立学院的产权制度构建及其途径进行了较系统的论证和分析，提出了"通过改造现有产权，优化产权功能，构建独立学院教育股份制"的一种较为理想的模式。

刘全齐等人从美国、日本私立高校的产权关系中得到启示，提出了针对国内独立学院各产权主体之间存在问题的解决方法，认为独立学院的产权关系应首先符合市场经济的要求，其次是强化产权关系的约束，通过调整与重组产权关系使其得到改造，最后形成能够实现国有资产保值增值的公有经济形式与运行机制。

黄永林从产权经济理论角度分析了独立学院产权主体多元化、契约性、优势互补和合作双赢的特征，认为明晰独立学院产权对于调动社会力量投资教育的积极性，强化举办者、投资者和办学者的责任以及提高办学效率是具有重要意义的。同时指出了独立学院进一步拓展投资渠道，发挥多样筹资体制的优势；提出了进一步强化效益观念，发挥优化资源配置优势的管理建议。

张琦英等人认为，独立学院当前面临的最大问题是产权界定不明晰，指出独立学院的财产所有权是一种特殊的混合所有形式，是由政

---

① 苏武江、齐延信、杨蜀康：《独立学院产权制度解析》，载《教育与职业》2011年第2期。
② 庄莉、贡文伟：《独立学院产权制度的构建与探索》，载《江苏高教》2011年第2期。

府和非政府共同所有，针对独立学院产权不明晰引起的举办者、投资者与办学管理者之间关系以及内部管理体制存在的问题，提出了完善法规、提高合作方的素质以及建立动态的平衡机制等对策。

综上所述，可以看出学者们对独立学院的研究大部分都集中在独立学院的产权问题上。大多数学者意识到产权关系不明晰已成为当前制约独立学院可持续健康发展的一大隐患，所以，如何采取措施来明晰独立学院的产权关系成为独立学院亟待解决的焦点问题。首先，大部分研究都停留在理论层面的探讨，对于实际操作的研究较少，还有待于进一步研究；其次，由于独立学院产权的多元化和资金来源的复杂性，对其产权的明晰过程是一个很复杂的过程，其中还有很多实践上的问题有待进一步研究分析；最后，既有的产权理论如何运用到"中国特色的"独立学院而不是简单套用。这些都是本研究试图回答的问题。

1.5.3 关于独立学院内部管理的研究

独立学院是政府、市场和社会在新形势下共同作用而形成的高等教育体制改革中出现的新的办学模式，其内部管理不仅沿袭了母体高校的管理方式及特征，也具备了自身的管理特点，特别是在办学环境不成熟的情况下，其内部管理还有很多值得研究和改进的地方。

胡凤英认为独立学院内部管理体制的核心要素为领导体制、机构设置、人事管理制度、制度建设等①，针对这些核心要素，提出了独立学院内部管理体制建构的原则为和谐性原则，即内部管理体制在申请者、合作者、办学者三方相互理解、相互支持、诚信合作的氛围中进行建构并顺利进行；自主性原则，即独立学院享有办学自主权；民主性原则，即独立学院董事会的构成应该有师生、社会机构的参与等等；集约性原则，即采用科学的管理方法和技术，加强分工协作等经营方式；优化性原则，即坚持人才观，注重人的综合素质。

刘翠秀提出了目前独立学院在管理体制和运行机制上存在的问

---

① 胡凤英：《论独立学院内部管理体制建设》，载《民办高等教育研究》2016年第12期。

题，认为独立学院的投资主体单一，董事会构成及职能不完善①。独立学院的发展情况，取决于其管理体制和运行机制是否良好，所以要使其管理体制和运行机制得到较好的运行，就必须处理好依托与独立的关系：合理协调各方利益关系，增强资金运作能力；明确合作各方的权利和责任，完善产权制度；完善董事会领导下的院长负责制，健全制度体系和组织机构；等等。

谷再秋、于福分析了独立学院内部管理的教学管理体系以及教师队伍建设等出现的一些问题，指出了独立学院应当以社会需求为导向设置专业，依照培养目标制订教学计划，建立科学的教学管理制度以及教学质量监控保障体系来完善其教学管理体系。而对教师队伍建设，则应该运用民办机制，引进高素质人才，同时还应该建立兼职教师的管理体制。

申文青基于独立学院的办学模式、产权性质比较了不同的独立学院，指出了当前独立学院发展过程中所出现的管理问题，如办学模式不规范、产权界定不清晰等，并提出了相应的完善独立学院管理体制的思路，即明确法律地位，逐步规范办学模式；规范投资主体，完善产权制度；明确董事会职责，建立监事会；等等。

刘继荣、杨潮认为独立学院的办学与管理要在新的政策环境下求得新的突破，面临的一个重要问题就是如何建立与完善高效能的独立学院管理体制和运行机制。他们指出了独立学院需要以办学观念的转变和突破为先导，在管理上兼具民办与公办两种机制的优势；需要对其制度体系进行健全和对其组织机构进行精简；需要在依托母体与自主办学之间寻找到平衡点，管理重心应该下移，让独立学院自主治理内部事务，校本部对独立学院事务的审批尽可能"宏观"。

邹晓东等人认为作为新机制和新模式创办的独立学院要实现可持续发展，在微观的院校内部管理层面进行创新必不可少，提出了针对管理体制、与母体高校的关系、教学管理体制、人才引进机制的创新措施。

---

① 刘翠秀：《独立学院管理体制与运行机制的构建》，载《国家教育行政学院学报》2006年第11期。

综上所述，独立学院作为一种新模式，学者们对其内部管理的研究主要还是集中在独立学院办学模式与定位、师资队伍建设与学生管理的研究。相对理论层面的研究较多，具体实际操作层面研究较少。笔者认为，由于独立学院的内部管理涉及的主体较多，学界针对各个管理者、被管理者的特征提出的措施也没有针对性，因而，仍有较大的研究空间。

1.5.4　关于独立学院治理的研究

独立学院凭借其母体高校的优质教育资源和民营机制的优势获得快速发展，为发展民办高等教育事业、促进高等教育大众化做出了积极贡献。然而，在独立学院的发展过程中也出现了很多问题，如产权归属不明晰、内部治理不完善、培养目标不明确、定位和发展目标模糊等。综合分析独立学院在发展过程中出现的问题，关键在于治理机制不完善，导致其各项优势难以有效发挥。

杨帆分析了当前独立学院治理结构中存在的问题，指出独立学院应该建立与其投资体制相适应的治理结构，从明晰产权、合理解决母校宏观调控与独立学院自主办学的之间矛盾、建立规范的激励和制衡机制等角度分析了如何构建合理的治理结构。

吴荣顺、宫照军在分析美国私立大学内部治理特点的基础上，明确了独立学院内部治理的内涵，并从美国私立大学内部治理措施中得到启示，指出独立学院目前面临的问题，即董事会组成结构不合理，决策机制不科学；董事长和校长的关系未理顺，决策部门和执行部门职责分工不明确；忽视了教职工参与独立学院的决策和民主管理的重要性。他们提出通过推进董事会构成的多样化，引进专业的行政、教务、财务、后勤管理人员；通过建立独立学院内部的教师组织和学生组织来完善独立学院的内部治理机制。

杨志明、张琦分析了独立学院治理结构存在的缺陷，提出要改善这些缺陷，就必须构建一个良好的治理结构。一个完善的治理结构应当有良好的制度环境、相对的办学自主权，以及明晰的产权关系，而治理结构的建构与完善需要独立学院采取相应的措施。

彭安华等人认为独立学院是一种典型的利益相关者组织，在利益相关者视野下提出了要通过重视各利益相关者共同治理、建立独立学院外部利益相关者对其进行监督机制、强化独立学院内部利益相关者的权力制衡等来完善独立学院的内部治理结构。

王建平提出要解决独立学院办学过程中出现的问题，就必须构建一个完善的治理结构，而这个治理结构包括了外部治理和内部治理两个层面：外部治理是内部治理实施的框架和约束，内部治理则以外部治理为基础，是外部治理的内生性制度安排。并在此基础上，进一步分析了我国独立学院当前在内部治理结构和外部治理结构中存在的问题。同时，通过借鉴国内外高等学校治理机构的经验，提出了我国独立学院的治理对策。

卢文范等通过揭示独立学院法人治理结构的实质，分析了其内涵和特点，指出了当前独立学院办学中产权结构不清晰、内部机构职责不明晰、监督不到位等问题及问题产生的原因，提出了法人治理结构在独立学院中运用的方法和要求。

综上所述，独立学院作为我国高等教育制度变革中的一项巨大突破，是一个新生事物，所以对其治理的研究仍处于初步探索阶段。大多数学者都认识到了完善独立学院治理结构的重要性，分析了独立学院治理过程中存在的问题及问题产生的原因，并提出了相应的措施来完善其治理。然而针对完善独立学院治理的研究仅处于初步阶段，还有待于进一步研究。

独立学院是我国国情下的特殊产物，从国外的研究现状来看，尚未发现我国独立学院这种办学方式。因而，国外可参考的研究资料相对较少。

从已有的研究来看，国内的学者目前多是从独立学院办学实际过程中出现的问题入手，分析其产生原因，并提出相应对策。而且关于独立学院治理的研究也是多从治理过程中出现的问题入手，结合治理结构的一般理论来展开。这些研究多停留在政策和建议层面。目前较少有学者专门从利益相关者理论视角分析和研究独立学院内部治理。所以，以利益相关者理论的视角来研究独立学院的内部治理问题有很大的空间。

1.5.5 关于高校利益相关者的研究

利益相关者理论来自于公司治理理论，来自于对传统股东中心理论的质疑和创新。它开始于公司治理领域并进而进入高校治理过程中，学者对高校利益相关者理论的研究主要是围绕以下几个方面：

1.5.5.1 关于高校利益相关者的内涵与范围的界定

自1963年斯坦福研究所首次提出利益相关者的概念后，这个概念便受到了学术界的广泛关注，并且首先在企业战略和公司治理等理论领域中得到了学者们的广泛研究。

Freeman认为，利益相关者就是指那些能够影响组织目标实现，或被组织目标实现过程所影响的任何个人和群体。受此启发，利益相关者在高校领域就是指那些能够以自身行为影响高校的发展，但同时又受高校发展影响的群体。很多学者认为，高校利益相关者的概念十分清楚，是个不用说明的问题，因此，他们很少对其进行界定，把关注力都放在探讨高校利益相关者的范围与类别上，进而研究高校与其利益相关者之间的互动关系。

罗索夫斯基认为，按照与高校的密切程度，可以把高校的利益相关者分为四个层次，分别是最重要群体，包括教师、行政主管和学生；重要群体，包括董事、校友和捐赠者；部分拥有者，包括科研经费提供者、产学研合作者、贷款提供者；次要群体，包括社会公众、社区、媒体等。

李福华依据利益相关者与大学的密切程度，将大学利益相关者分为四个层次，即核心利益相关者，包括教师、学生和管理人员[①]；重要利益相关者，包括校友和财政拨款者；间接利益相关者，包括与学校有契约关系的当事人，如科研经费提供者、产学研合作者、贷款提供者等；边缘利益相关者，包括当地社区和社会公众等。

钟洪则从众多利益相关者中提出影响大学治理的主体是关键利益

---

① 李福华：《利益相关者视野中大学的责任》，载《高等教育研究》2007年第28期。

相关者。他利用层次分析法（AHP）从利益相关者的重要性、紧急性、主动性三个维度出发，将大学利益相关者进行了权重排序，分别是政府、教师、管理人员、学生、债权人、服务使用者、捐赠者、社区和竞争对手。

综上所述，大多数学者都是在借鉴企业利益相关者理论的基础上，对高校利益相关者范围进行了描述和划分，而且大多数研究都是基础理论，缺乏相关的实证研究。如果要进一步探讨高校与利益相关者的双向价值需求、互动关系及相互影响来判断高校治理的重点，就必须对高校利益相关者边界和属性进行实证研究，以得到一般意义上的高校利益相关者的边界与属性。

1.5.5.2 关于利益相关者参与高校内部治理的必要性的研究

国外学者认为，学校成功的必要条件就是学校内外部合作，这样才有利于学校组织的成长，因此，高校应改变过去"以自我为中心"的态度，建立"以他方为中心"的参与模式。

在国内，王建华认为，高等教育应持有开放的态度，向其他社会部门（包括政府、非政府、企业界等）、教育内部其他系统（包括中小学、职业技术学院等）、有关人士（包括学生、家长、企业家、专家等）开放，而且在开放的基础上与之建立合作伙伴关系[①]。

张燚认为随着社会步入网络经济时代，高校的发展与其利益相关者之间的联系越来越重要，高校应关注利益相关者的需求和权利，加强对利益相关者的管理，改善高校与利益相关者的关系，以利于改善高校治理结构和创新管理体制。

张婕认为，我国高等教育现在正处于利益相关者时代，所以管理方式应该从中央集权管理方式向地方化管理方式过渡[②]，最终走向

---

① 王建华：《从自治到合作：联合国教科文组织关于大学理念的新观点》，载《外国教育研究》2004年第2期。

② 张婕：《高等教育战略管理的若干基本问题》，载《教育研究》2006年第11期。

"利益相关者管理"范式，其核心就是建立各种利益群体之间的伙伴关系。

王连森认为，利益相关者的期望和要求决定了大学责任，为大学的发展指明了目标；利益相关者通过付出物资和精神，充实和丰富大学的各种资源，这正是大学发展所需要的能量和动力；利益相关者的作用、地位、权利制约和规范着大学制度，为大学的发展创设了机制平台。

李福华认为，作为大学，它的责任就是要维护和满足各利益相关者的要求。

综上所述，可以看出国内外学者都表达了相似的观点——把利益相关者纳入高校组织管理范畴，将是创新与发展高校组织的必然趋势。

1.5.5.3 关于高校与利益相关者的互动关系及影响的研究

罗索夫斯基定性分析了教师、学生、行政主管、科研经费提供者及社会公众各个利益相关者与高校之间的互动影响。

王连森认为，作为组织整体的大学与作为组织部分的利益相关者是互动共生发展的，即利益相关者的发展与大学的发展相互影响推动。

高伟从价值流动关系出发，构建了利益相关者之间的网络联系，通过对价值网络的分析，探讨了高校利益相关者之间价值获得与传播的连接关系和传播途径，得出高校利益相关者的投入和期望收益之间的连接关系不仅影响各主体的产出，也影响了网络中价值的增值和传递的结论。

张燚探讨了"一对一"的互动关系、利益相关者的人际关系和利益相关者的多重角色关系三个方面，分析了利益相关者与高校的互动关系模式，指出高校应通过发展与利益相关者的良好互动关系，调动利益相关者参与高校发展的积极性，以实现高校发展目标。

1.5.5.4 关于高校利益相关者参与内部治理的形式和机制研究

焦笑南（2005）分析了美国、英国及澳大利亚的大学治理结构，将其归结为以董事会为核心的大学治理体系、以校长为中心的大学行政管理系统和学术委员会学术管理体系①。他从国外大学治理结构中得到三点启示：一是改变政府以前直接管理学校的方式为间接管理；二是引入利益相关者参与大学的治理；三是建立大学内部权责划分和制约机制。龙献忠（2004）探讨了高等教育多中心的参与协商机制，认为可以尝试建立分权机制、激励机制、监督机制和问责机制。王连森（2007）指出，利益相关者的责（为大学提供资源）、权（参与大学的治理）在大学的发展中也得到了统一，从而也推动了自身的发展。覃壮才认为，法人目标的正当性是影响公立高等学校法人治理结构的关键，由于高校举办者、经营者和管理者分离，所以应该构建由各权利主体参加的内部权利行使机制和外部权力制衡机制。

从上述观点可以看出，学者对高校利益相关者参与模式、高校治理结构展开了初步探讨，但这仅仅解决了"为何要改以及如何改"的问题，很少涉及具体措施，对高校治理结构创新可能涉及的政策、法律和环境问题也还缺少相关探讨。

1.5.6 关于国外高校法人治理结构的研究

1.5.6.1 国外大学法人治理结构的相关研究

国外对大学治理结构的研究文献可以分为三类：一类是理论研究，一类是实践研究，最后一类则是介绍本国大学治理及相应改革的状况。

在第一类研究中，具有代表性的有：Flexne（1991）将大学治理结构视为一系列的同心圆，最核心的内圆包括了大学校长、教师、管理人员和董事。其他的各环则视其与内环的远近不同分别包括了大学所在社区成员、校友、学生、州议员、州长、政府教育部门、财政拨款部门、高等教育协会等。而 Dennis 等（2003）则认为外部治理的好坏取决于国家的政策导向、法治的发达程度以及经济的发展状况

---

① 焦笑南：《美国、英国、澳大利亚大学治理及对我们的启示》，载《中国高教研究》2005 年第 1 期。

等，非大学凭一己之力能加以改善，有建设性的研究应致力于大学内部治理机制。Zwilham（1978）从经济学中的委托—代理理论入手，研究了如何设计大学治理机制以制约代理人的机会主义行为。Sherry（1966）从法学理论的视角研究了大学治理权限的分配、规章的制定以及权力行使的程序等问题，他认为合理的大学治理结构必须首先建立在合乎法治的基础之上。Lowry（2004）从管理学的角度比较了公立大学和私立大学的经济绩效，发现两类大学治理结构的差别导致了经济绩效方面的显著差异。Hechtd 等（1999）认为现在的大学治理应该更加注重问责制，而大学行政人员首当其冲应当成为问责制的主要目标。

在理论研究的基础上，学者逐步转向将理论上最优的治理结构转换为实践中具有可行性的方案。Yoder（1962）认为教授治校是国家能够保持创新活力的制度源泉，主张教职人员在大学治理中掌握决策权。[1] John（1977）通过案例分析的方式介绍了美国纽约州立大学在共同治理方面的探索，他认为，权力制衡机制是公立大学治理结构改革的方向。[2] Bok（2003）研究了英国大学校长、董事会、教职人员之间管理角色的分配关系，认为富有弹性的治理机制能更有效地提高大学的产出效率。Kerry（2003）认为学生是大学教育最直接的受益人，他详细研究了学生在大学治理中的地位和作用，最终得出结论：学生参与到治理结构中来是大学治理民主的体现。[3]

此外，还有大量的研究集中于本国大学治理及相应改革的状况。Harris（1999）描述了自由主义和市场经济对澳大利亚大学的影响，并介绍了该国大学当前的治理模式。Mills（2007）描述了美国20世纪90年代大学治理结构改革的情况和效果，并以佛罗里达州高等教

---

[1] Yoder D. The Faculty Role in University Governance. *Journal of the Academy of Management*, 1962（5），pp. 222～230.

[2] John E D. Collegiality, Governance and Collective Bargaining in the Muiti-Campus State University of New York. *Labor Law Journal*, 1977（10），pp. 645～650.

[3] Kerry J k. Higher Education on Governance as a Key Policy Issue in the 21 st Centure. *Educational Research for Policy and Practice*, 2003（2），pp. 55～70.

育治理改革的过程为例，研究了政策制定、法律出台背后各利益团体之间的博弈。①

1.5.6.2 我国公办高校法人治理的相关研究

独立学院作为我国高等教育办学中一种新的办学模式，由公办高校举办，必然有公办高校的参与。因此，研究我国独立学院的法人治理结构需要了解公办高校的法人治理结构。

（1）研究公办高校治理的理论依据

很多研究者从不同的研究视角和研究理论出发，研究公办高校的法人治理结构。

第一，委托—代理理论。委托—代理理论是制度经济学契约理论的主要内容之一，主要研究的委托—代理关系是指一个或多个行为主体根据一种明示或隐含的契约，指定、雇佣另一些行为主体为其服务，同时授予后者一定的决策权利，并根据后者提供的服务数量和质量对其支付相应的报酬。孙天华（2004）试图把委托—代理理论框架引入到对中国公立大学治理结构和管理绩效的分析上来。在公立大学多级委托—代理关系的链条上，第一层级代理人的行为选择与委托—代理关系中隐形的激励契约密切相关。公立大学的产权关系与它特殊的目标、功能和使命，对代理成本的度量产生十分重要的影响。在某一环节上，委托人与代理人的非正常合作会改变正常情况下委托人与代理人目标函数不一致的现象，且代理人若不在正常的市场上依照市场机制进行挑选，大学的运行成本就会居高不下。我国公立大学中的委托—代理问题的解决，一方面有赖于大学治理结构的突破，另一方面有赖于政府新的制度供给，即需要重新构建合理的委托—代理关系，② 刘明（2009）也是基于委托—代理理论来探讨我国公立高等院校治理结构。

---

① Mills M R. Stories of Politics and Policy: Florida's Higher Education Governance Reorganization. *Journal of Higher Education*, 2007 (2), pp. 162~187.

② 孙天华：《大学治理结构中的委托—代理问题——当前中国公立大学委托代理关系若干特点分析》，载《北京大学教育评论》2004 年第 4 期，第 29~33 页。

第二,影响力视角。胡仁东(2005)基于影响力的视角探析了现代大学内部治理结构。他认为,在影响力的视角下,高校内部各个不同利益群体间、高校与社会之间的影响力配置,以及其相互间的作用关系,是现代大学内部治理结构的体现。今天,高等学校内部治理结构正在发生着变化,这种变化正是高校适应社会发展的需要。学术影响力一直居于主导地位,但高校内部科层影响力有强化的趋势,在现实的条件下要充分发挥学生影响力对高校的适度影响,还要清醒地认识到外部影响力对高校的渗透作用。[①]

第三,利益相关者视角。高校是一个典型的利益相关者组织,这在国内的研究中基本达成了共识。高校治理应该是各利益相关者的共同治理。苏守波、康兆庆(2009)认为,作为协调大学内部利益关系的大学治理结构需要重视各利益相关者的权力诉求。为此,从利益相关者的视角,准确把握这些利益群体的特点,不断建立"向学院放权,增强学院的办学自主性;向教师放权,激发教师的教学科研积极性;向学生放权,调动学生支持学校发展的民主参与性"的内部治理结构,是推动高等学校科学发展的当代要义。[②]

第四,制度视角。史彩霞(2006)尝试结合制度经济学的有关理论,审视中国大学治理结构的变迁路径。她指出,大学治理结构变迁的核心是制度变迁,大学治理结构的变迁主要有两种形式:强制性制度变迁和诱导性制度变迁。她还从制度变迁的路径依赖方面、大学治理的成本收益方面、大学治理变迁的主体力量对比方面分析中国大学的治理始终以强制性变迁为主要推动力的原因所在。[③]

第五,产权视角。阮艳平、毕正华(2007)指出,在现有产权制度安排下,我国公立高校法人权能不到位,产权配置严重失衡,内部效率极其低下,呈现出主体不明、产权主体关系不规范、不可交易

---

① 胡仁东:《现代大学内部治理结构探析——基于影响力的视角》,载《现代大学教育》2005年第2期,第59~63页。

② 苏守波、康兆庆:《利益相关者视角下的大学内部治理结构研究》,载《黑龙江高教研究》2009年第12期,第5~7页。

③ 史彩霞:《从制度经济学的视角审视中国大学治理结构的变迁路径》,载《辽宁教育研究》2006年第6期,第32页。

性以及多级代理模式的特性，造成了政校不分、所有权约束无效和经营者目标短期化等不良后果。他们认为，基于产权视角的公立高校治理，首先，需要完善法人治理，建立现代学校制度；其次，实现公立高校产权结构多元化体制；再次，建立公立高校经营者剩余索取权的激励约束机制；最后，建立有效的公立高校国有资产管理制度。①

（2）公立高校治理现状研究

第一，模式分析。李文静、袁太芳（2008）基于对我国省属本科非综合性公立高等院校现有法人治理结构的分析指出，我国高等教育法人治理结构是在计划体制下的法人治理结构，凸显集权型、行政型主导的治理模式的特征，大学与政府的关系主要表现为大学作为政府的附属机构，处于被支配、被控制的地位。政府掌握着大学书记及领导班子的任命、专业和学科设置、招生计划、人员编制、质量评估等的决策权和审批权，大学的办学经费也主要来自财政拨款。这是与高校目标不一致的。同时指出，要构建适用现行高校目标的法人治理结构模式，需要采取相应措施：适用政府之目标，引进机构投资者；对高校管理层实行机构重组，业务外包，建立有效的考评体系；对高校建立受托于政府和社会公众的注会审计监督体系；建立以省为区域根据业绩评价实行弹性招生制和以省为区域实行高校教师流动制。②

第二，公办高校外部法人治理方面。由于大学在发展过程中不仅要考虑到大学内部各利益相关人的利益均衡问题，而且需要对政府、公众以及大学外部其他利益相关人对大学发展要求在制度层面上的回应。大学法人治理不仅包括大学内部的法人治理，还应该包括大学外部的法人治理。大学外部法人治理结构侧重在协调和规范大学与政府、社会之间的权力配置关系。③ 黄崴（2008）指出，在公办高校，从其外部法人治理结构来看，政府与高校之间没有形成法律契约关

---

① 阮艳平、毕正华：《产权视野下公立高校治理结构研究》，载《江西师范大学学报》（哲学社会科学版）2007年第4期，第117～120页。

② 李文静、袁太芳：《我国公立地方高校法人治理结构模式的探讨》，载《科技和产业》2008年第7期，第77～79页。

③ 李福华：《大学治理的理论基础与组织架构》，教育科学出版社2008年版，第63页。

系，政府也没有把高校作为独立的法人主体看待。在此情况下，政府通过行政手段管理高校，出现严重的越位和缺位现象。政府与公办高校之间没有建立委托—代理法律关系，政府还是把高校作为其下属机构，通过传统方式直接控制高校的各项事务，掌管了许多属于学校的事务。①

第三，公办高校内部法人治理方面。

首先，是成立校董事会一类的学校决策机构。李士宝认为，在高等学校建立董事会，解决高校所有者与管理者中间的连接问题。与政府职能部门相比，校董事会可以更深入地了解各高校的具体情况，又可以超脱于高校的直接利益之外。王丽洁指出，公立高校校董事会应由出资者选派，由人力资本董事、社会董事和家长董事组成。她还指出，因为公立高校的特殊性，在校董事会组建方面需要注意以下几点：①校董事会一半左右的名额应由政府任命或者在一定竞争形势下委派；②人力资本董事应该是学校的管理人员或是教师代表，并通过选举产生；③社会董事由社会实业家、知名人士、校友担任，并由出资者或上届董事会提名；④学生及其家长作为教育的消费者，与高校是对等的，应属于准债权人的范畴，因此应当设立家长董事；⑤国家对全部董事的资格有审查和批准权。

其次，是处理好内部关系。学术权力和行政权力是存在于高校内部的两种基本权力形式，肖应红（2007）认为，处理好两者之间的关系，需做好以下三方面的工作：①要从基层出发，真正体现以学术权力为中心的管理思想。在院系一级要采用一种松散结合扁平结构，这样可以营造一种良好的学术氛围，避免金字塔式的科层结构。院系行政管理层应负责调配教学、科研人员对各种资源的需要，体现"服务"的精神。对于院系的学科建设，院系领导应利用双重身份，充分发挥基层学术权威的作用，起到与全校目标相协调的作用。②要成立相应机构参与学校的管理与决策。例如各学科专业权威咨询委员会等，这既有利于提高学校管理的科学化，增强教学、科研人员参与

---

① 黄崴：《公办高校法人治理结构及其建设》，载《高等教育研究》2008年第8期，第49页。

管理的意识，提高学校的学术地位，又有利于提升学校的文化品位。③彻底打破"官本位"思想，摆正行政部门在高校中的位置。高校专职行政人员必须树立"管理就是服务"的理念。这一问题若要从根本上解决，就必须在体制上彻底改观。可以将校级党政领导的行政级别继续保留，校级以下的行政级别一律取消；不再套用国家公务员的行政级别，弱化职位的权威性，使其还原于行政的执行功能、服务功能。

1.5.6.3 我国民办高校法人治理的相关研究

独立学院属于民办高校，但又不同于一般民办高校。《独立学院设置与管理办法》第3条规定："独立学院是民办高等教育的重要组成部分。"作为我国高等教育办学体制的一个创新，独立学院以其"民、独、优"的新模式在我国高等教育体系中特别是在民办高校体系中独树一帜，具有其特殊性。然而，特殊性离不开一般性，一般性是特殊性的基础。加之目前我国独立学院的办学历史还很短，其相关文献相对较少。因此，研究我国独立学院的法人治理结构需要厘清民办高校的法人治理结构。

（1）现状研究

第一，模式分析。苗庆红（2005）根据民办高校的不同投入模式，从控制权角度出发，将民办学校治理结构分为三类，即人力资本控制模式、股东控制模式以及共同治理模式，同时对这三种治理模式的特点及其演变过程也分别进行了分析。①人力资本控制模式。这是我国民办高等教育在兴起初期普遍采用的模式。当时的市场环境为其提供了生存和发展空间。民办院校校长通常都由学校的创办者兼任，他们凭借自己所投入的人力资本控制着学校的发展，以人力资本投入换取对学校的控制权。②股东控制模式。我国民办高等教育经过20多年的发展，竞争态势发生了根本性的逆转，即逐渐从卖方市场向买方市场转变；我国民办高等教育的举办形式也发生了改变，即由20世纪80年代的"三无起家，滚动发展"、以人力资本投入为主的模式，向"企业投入，产业运作"、以物质资本（主要是资金）投入为主的模式转变。因此，投资者用管理企业的办法管理民办高校，在学校治理结构上,由股东组建和控制董事会,实行董事会领导下的校长负责制。③共同治理模式。从教育的本质来看,对诸如高等教育尤其是高等学历教育产品的提供,非营利组织模式应该是理想的模式。这是因为"非营利机构"这一概念的核心是所谓的不分配约束。非营利机构的组织形式才是纯粹意义上的社会力量办学,没有预期的投资回报期和投资回报额的约束,其对学校资金的投入是捐资行为而不是投资行为。民办高等学校作为非营利组织,其对应的治理模式应该是"共同治理"模式,以满足社会公益目的。苗庆红还指出,目前,共同治理模式是一种发展方向,我国民办高等教育正处于从人力资本控制模式向股东控制模式的转变过程中。①

第二,民办高校内部治理结构。首先是董事会结构不合理。谢锡美指出,目前民办高校的董事会组成结构不合理,运行不规范。理(董)事会成员结构不合理,有的学校董事会成员总数达不到法定标准(5人以上),有的学校董事会缺少来自第一线的教职工代表,有的学校董事具有五年以上教育教学经验者达不到法定标准,有的学校董事会成员虽然按法定标准成立了,但行使职能和运行规则却没有按法规、按本校办学章程去执行。有的学校董事会多年不开会,有的即使开会了,也是流于形式,重大事项还是董事长一人说了算。② 韩民认为,理(董)事会成员结构不合理,有些学校的理(董)事会在成员构成上,仍带有"家族化"色彩,或者与学校的举办者、管理人员相重合,较多是与出资方有亲缘关系的理(董)事,较少有熟悉教育规律的外部人员,也较少有教职工代表出任理(董)事。③ 其次是董事会、董事长与校长的三者关系问题。胡四能指出,民办高校的董(理)事会、董(理)事长、校长的关系不顺,职责分工不明。一方面,在董事会里,董事长权力过大,难以形成有效的民主决策;

---

① 苗庆红:《民办高校治理结构的演变研究》,载《中国高教研究》2005年第9期,第28~30页。

② 谢锡美:《民办学校法人治理结构制度渊源探析》,载《教育发展研究》2005年第12期,第44页。

③ 韩民:《完善法人治理结构,促进民办高等教育可持续发展》,载《中国高等教育》2006年第8期,第8页。

另一方面，董（理）事长、校长之间权力的"越位"和"缺位"问题比较突出，前者干预过多，后者缺乏独立性，没有充分、明确的授权，独立行使教育教学和行政管理职权得不到保障。①

董事会与校长双方应是职责分明、各司其职，但现实中却并非如此。有一些民办高校的三个职位——投资公司董事长、学校董事长和校长由一人担任，导致学校领导投入精力不足，从而出现校董合一、企校不分、决策权和执行权合一掌管的状况。有的学校即使董事会与校长是分开的，但职责分工不明、关系不顺。诸如学校具体事务和日常行政事务过多地被董事会干预，导致董事会权力过于膨胀、校长难以独立行使职权；又诸如校长权力过于集中，以致董事会难以监控，引发决策层与执行层的矛盾冲突。

第三，监督机制。王强（2008）指出目前民办高校中，监事地位得不到落实，监督功能难以实现。因为法律中没有强行要求学校设置监督机构，所以导致部分民办高校尚未建立监事会及类似机构。在法人治理结构中，董事会和监事会是平行机构，监事会主要是监督董事会重大决策行为的科学性和合理性。而现实中有些民办高校把监事会作为学校的下级机构，使其监督作用难以得到有效发挥。内部监督机制的缺失，增大了学校办学和经营管理上的风险，难以有效保障教职工的合法权益，加之，民办高校教职工的流动性使得内部监督力量更加薄弱。对于民办高校的监督机制，谈得最多的就是教职工代表大会。谢锡美（2005）认为，职工工会由教职工代表大会选举产生，是维护学校教职员工利益、监督学校管理人员是否依法管理的组织。然而，由于民办学校中实行的是聘任制，而实际中并没用通行的且有一定规范性的教职员工绩效评价规则，教师教学水平和教学能力主要是依据所教班级学生的成绩而定，而决定学生成绩好坏的因素是由多方面因素决定的。实际上，教职员工是否被聘用最终是依董事会和校长的意志而定。在这样一个自身前途命运被操纵在董事会和校长手中的环境下，教职员工是很难完成其监督职能的，更不要说防止管理者

---

① 胡四能：《民办高校法人治理结构研究》，载《高等工程教育研究》2006年第6期，第62页。

权力的滥用了。① 刘颂（2009）调查了北京市20所民办高校，发现民办高校中都没有诸如监事会等专门的监督机构。除此之外，教职工大会作为监督机关，虽表面被赋予监督权力，实际却只有虚权，并没有行使实体权力的程序。与此同时，民办高校管理人员和兼职教师的流动性使得内部监督力量更弱。因为缺失内部监督机制，决策机构和执行机构的行为则自然缺少过程性约束，因此学校运行和发展的动力难以凝聚，民办高校广大师生的权益无法得到充分保障，且导致制度缺陷和道德风险滋生。民办高校不健全的法人治理结构，不符合其作为非营利机构的组织原则，影响了学校决策的民主化、公开化和透明度，不利于形成自我治理、自我发展、自我约束的机制，不利于防止其独断式的经营。

（2）对策建议研究

第一，董事会构成。沈晓慧（2009）提出民办高校董事会的成员要丰富。完善董事会领导下的校长负责制是完善我国民办高校治理结构的主要内容，要满足内部各成员的利益要求，保证民办高校组织目标的实现。董事会应当由政府代表、出资人、举办者、教职工、学生和校外人士共同组成，董事会机构能够涵盖各利益相关者，同时董事会成员需要回避亲属，这样才能形成利益相关者的制衡机制，同时监督学校的教育资源正常使用，从而保证学校执行国家的大政方针。

第二，关系处理。宁德君（2007）指出，校长与董事会的关系是首先应当理顺的关系。两者理想的关系应该是：①学校的政策方针由董事会制定，学校的具体和日常行政事务由校长具体去实施；校长受聘于董事会，并向董事会负责。②重大事项由董事会负责从宏观上决定，具体事务由校长管理。③坚持统一指挥和职责一致的管理原则。政策治理、战略管理是董事会的主要职能，组织管理因此由董事会授权校长并通过校长来实现，校长具体实施董事会确定的战略与规划，创新校长激励机制也是完善法人治理结构的另一途径。为了保证董事会的决议得到有效执行，保证董事会与校长关系的平衡，在没有

---

① 谢锡美：《民办学校法人治理结构制度渊源探析》，载《教育发展研究》2005年第2期，第44页。

特殊理由的情况下，如果校长聘期未满，董事会不得变更校长，同时校长也不得中途辞退。此外，民办高校自创办起与市场存在天然的联系，这表明民办高校的校长既是位执行者又是位经营者。因此，除了要求其履行法律所规定的高校校长职责外，还应把学校的经济效益纳入民办高校校长考核的范围内，使校长的办学成果与其工资、福利相关联。

第三，完善监督机制。李钊（2009）提出，当前，构建监事会，独立行使监督职责是民办高校应当尽快解决的问题之一。在监督机制建构过程中，为使监事会确能监其事并保证监督的实效，学校应重视以下几方面：①监事身份资格必须有限制性规定。作为学校法人的监督机关，监事会成员不能包括学校董事和高级管理人员。监事会成员应当包括学校小股东、教职工代表以及适当比例的外部监事等。②监事监督权的范围要明晰。监事应当有权代表学校法人对严重违背学校章程的董事提起诉讼，追究其法律责任。此外，监督、稽查学校法人的资产、财产状况和业务执行情况也是监事的主要职责。③为保障监事会独立行使监督职权，监事会的地位要提高。监事会成员由学校董事会聘任，任期一般为三年，没有重大失职行为不得解聘。监事会虽不行使表决权，但有权派代表参加学校董事会会议以及学校管理层会议。监事会所做的超过其成员半数同意的决定，对董事会有约束力。④监事会行使职权所需的经费要保证。如在工作中，监事会因聘请注册会计师、律师、审计师发生的有关费用，由学校承担。⑤监事不尽职责时应当承担的责任要明确。这样能够促进监事会尽到"监事、监人"的作用。① 徐绪卿、冯淑娟（2008）鼓励推进教职工参与民主管理的制度，指出可以通过职代会及工会参与学校决策和管理、董事会的职工代表制等方式发挥作用。这样一方面有助于平衡学校举办者与教职工的利益，另一方面有助于预防、减少劳资纠纷，促进学校的

---

① 李钊：《完善民校法人治理结构，提高管理决策水平》，载《中国高等教育》2009 年第 6 期，第 52 页。

民主管理。①

1.5.6.4 我国独立学院法人治理的相关研究

从现有研究成果的检索和分析来看，国内专家学者对独立学院法人治理结构的相关研究很少，只能说尚处于起步阶段，且尚未深入和成熟。因此，笔者在此只做简单总结。目前我国独立学院法人治理既有研究主要集中于以下方面：

(1) 建立独立学院法人治理结构的基本要求

对于独立学院法人治理结构，董普等人提出了两项要求：一是保证股东利益是独立学院产权关系的基本要求，也是经济关系的根本点。在信托经营关系下，股东追求的是财产收益权，放弃了财产经营权。因此，股东利益成为唯一的行为准则，有必要通过相关规定，诸如独立学院章程或某种契约形式，使董事明确自己的义务。二是要完善和强化对董事、院长等管理人员之间的权利监督。在信托关系下，所有者与代理者之间，在两权分离后也要保证其相互制衡。监督并完善和强化。在利益关系下，董事、院长的利益只占独立学院收入很小的一部分，而且通常是固定的报酬。独立学院收益以外的其他利益必然成为董事追求的对象，即使身为股东董事也不出其外。这表明，董事也会有增大自己财富的利益驱动，契约签订以后，毁约的可能性是存在的，所以必须要有一种监督机制。②

(2) 非营利组织治理模式对我国独立学院法人治理的启示

许毅和岳海燕将非营利组织概括为两种典型模式：以美国为代表的"自主治理"模式和以德国和日本为代表的"政府管制"模式。在分析了两者模式的优缺点后，他们提出，我国独立学院在完善法人治理的过程中，可以借鉴这两种典型非营利组织治理模式中的合理成分，并得出启示。其中最核心的一点就是要保障各利益相关者权益，

---

① 徐绪卿、冯淑娟：《论建立和完善牧民办高校法人治理结构》，载《黑龙江高教研究》2008年第8期，第130页。

② 董普、朱小平、田高良：《完善独立学院法人治理结构的思考》，载《中国高教研究》2009年第9期，第52页。

推进共同治理。独立学院的治理模式应当是以满足社会公益为目的的共同治理。该治理结构能够吸收投资者、社会贤达和具有法律规定资质的教育工作者以及学校直接利益相关者进入董（理）事会、监事会。共同治理模式通过学校章程等相关制度安排来保证各个利益主体具有平等参与学校管理决策的机会，同时又依靠相互监督的机制来制衡各利益主体的行为，适当的投票机制和利益约束机制则用来作为稳定合作的基础，达到利益主体行为统一满足社会公共利益需要这一目标。①

（3）现状研究

杨帆（2005）指出，当前独立学院治理结构中存在的问题：产权结构不够明晰，直接影响到了独立学院治理结构的科学、有序；独立学院与投资方的关系没有理顺；独立学院运行机制不完善。朱良（2007）指出，独立学院在现实的办学过程中基本沿用传统高校的二级管理体制，并没有很好地贯彻"董事会领导下的校长负责制"这一要求（《中华人民共和国民办教育促进法》《中华人民共和国民办教育促进法实施条例》《关于规范并加强普通高校以新的机制和模式试办独立学院管理的若干意见》中都有提及）。基于法人治理的视角，产权和董事会制度是独立学院运行过程中存在的两个主要问题。总之，大多数学者都明确指出，当前很多独立学院采用法人治理模式，但从实际效果上看，独立学院法人治理结构大多形同虚设，妨碍了独立学院的持续健康发展。

（4）完善路径

杨帆（2005）提出四点建议：①明确产权关系，在此基础上，建立合理的法人治理结构，促进产权的清晰。②健全独立学院董事会制度。③合理解决母体高校宏观调控与独立学院自主办学的矛盾。④逐步建立完善规范有效的激励和制衡机制。朱良（2007）指出，董事会制度和校长负责制度的完善和规范是建立规范的内部法人治理结构的路径。首先是在申请者、合作者等利益相关者之间建立合理的

---

① 许毅、岳海燕：《非营利组织治理模式对我国独立学院法人治理的启示》，载《经营管理者》2009年第4期，第204页。

权力配置机制。其次是建立合理的法人治理内部运行机制，内容包括民主的治校机制、有效的激励机制、合理的矛盾协调机制、可操作的建设发展调控机制。与此同时还有三个方面的问题需要注意：第一，独立学院法人的特殊性决定了其法人治理结构在价值取向、运行体制上必须符合独立学院的特点。第二，教育公益性与资本寻利性这对矛盾决定了在办学过程中要将办学公益性和市场化定位相统一。第三，在学术权力与行政权力的关系上要协调处理好，倡导"董事会领导、校长负责、专家治学"的内部管理方向。

安云初（2008）在分析了独立学院法人治理结构特征的基础上，指出由公办普通高校和合作方多元投资主体共同举办、所有权与经营权相分离的独立学院，必须从建立和完善法律法规、强化政策调控、明晰相关各方产权这三方面着手，只有建立起完善的法人治理结构，才能有效地保障举办各方的根本利益，获得健康、快速的发展。①

郑汉印（2009）探讨建立独立学院法人治理结构的基础和要求，提供解决独立学院法人治理结构方面问题的基本思路：立法上尽快明确独立学院法人性质、兼顾办学公益性和市场化定位办学、明晰产权。

许毅（2009）针对改善和重构我国独立学院法人治理结构提出了一些对策。首先，阐明我国独立学院法人治理框架构建的基本原则。其次，引入独立董事制度，明确独立学院与董（理）事会之间的委托代理关系，建立董（理）事会领导下的校（院）长负责制。同时，他还提出要建立健全独立学院的监督机制，主要是从信息公开、监事会、政府监管、投资主体多元化等方面进行论述，提出要明晰产权，建立完善的产权制度，明确各主体所享有的权利和所承担的责任及其所获得的利益，以实现所有权、经营权的真正分离。最后，指出政府部门作为外部治理主体，要加强法制建设以及对独立学院的引导和监管。

（5）现有研究的启示与不足

第一，现有文献从许多不同视角进行了研究。这些研究都对我国

---

① 安云初：《独立学院法人治理结构的考量》，载《湖南师范大学教育科学学报》2008年第9期，第84～86页。

高校（公办民办高校及独立学院）法人治理结构问题做了不同角度、不同层面的诠释。这些不同视角的研究提示我们，法人治理结构问题是一个复杂的研究对象，基于单一视角的研究可能只能揭示问题的某一方面，从而难以把握研究对象的全貌。在对我国独立学院法人治理结构的研究中，也应当从多个不同视角来分析总结。

第二，高校法人治理是一个内涵丰富的概念，包含了方方面面的问题，如公办高校治理结构中包括高校与政府、社会的关系以及高校内部利益相关者的权利关系处理，民办高校内部权力制衡、董事会构成、董事会与其他利益相关者的关系，等等，高校法人治理结构是一个系统工程，需要进行全方位的研究。在研究我国独立学院法人治理结构时，可以借鉴高校法人治理结构的相关研究，但一定要注意到公办高校或民办高校与其之间的差异性，并针对独立学院的具体特点，从实际出发，从不同方面、不同层面分析问题。

第三，现有文献对于我国高校法人治理结构的现状分析及对策建议方面的研究很多，而对于高校的发展历史及当前治理模式的成因研究则显得非常不够。不少研究陷入了"就事论事"的误区。在研究我国独立学院法人治理结构时，需要避免此类情况，要注意分析当前状况形成的原因，进而提出对策建议。

1.6 研究思路

本研究主要以利益相关者理论和治理理论作为独立学院内部治理的理论依据，通过充分调研广东省独立学院内部治理的现状，提出核心利益相关者在参与广东省独立学院内部治理过程中存在的问题并分析其原因，设计核心利益相关者参与独立学院内部治理的路径并提出完善独立学院内部治理的建议。分析完善独立学院内部治理过程中应遵循的原则以及各个利益相关者应遵循的原则，力求为我国独立学院的更好发展起到一定的借鉴作用，同时也为公办大学的内部治理提供参考建议。

本研究主要内容为以下几部分：

第一部分　绪论。

主要对本研究的背景以及意义进行阐述，对相关的研究进行分析和综述，以及提出本研究的思路、方法、主要内容以及创新点与不足。

第二部分　独立学院内部治理研究的理论基础。

在介绍法人、产权及法人治理的基础上，将法人治理理论引入高校的背景及其适用性，区别了高校法人与企业法人的不同之处，阐述了独立学院法人治理的内涵及框架。

第三部分　我国独立学院的产生、发展及内部治理状况。

主要介绍了我国独立学院的产生和发展过程，以及现状和办学模式，分析了独立学院内部治理面临的现实问题。

第四部分　广东省独立学院内部治理存在的问题。

在介绍了广东独立学院的产生、发展过程及现状的基础上，通过文献搜集、问卷调查等方式对广东省的独立学院进行调研，然后从教师、学生、董事会三个方面来分析独立学院核心利益相关者在独立学院内部治理中的现状和存在的问题以及导致问题出现的原因。

第五部分　国内外高校的治理经验及启示。

对国内公办高校及民办高校的治理情况进行了分析，又分析了美、英、日、法、德几国公立及私立高校的治理经验，提出了对于我国独立学院治理的一些启示。

第六部分　广东独立学院健康发展的对策建议。

以广东省为例，首先提出了完善独立学院内部治理需要具备的前提条件，接着分析了独立学院未来发展的几个方向。

1.7　研究方法

本研究运用了多种研究方法，如文献分析、问卷调查、比较分析等。

文献分析法：通过一些相关的书籍、学术期刊、政策文件和网络等资源，在阅读、分析、整理的基础上，形成自己的理论框架，厘清利益相关者视角下独立学院的治理结构等问题。

问卷调查法：将深入到一些独立学院进行实地的调查，并通过对广东省相关的独立学院的核心利益相关者进行问卷调查，了解各个利益相关者在参与独立学院内部治理过程中的现状及存在的问题。

比较分析法：通过对各核心利益相关者在参与独立学院内部治理时所处位置的比较，分析对比了内部治理中所存在的不平衡，提出构建利益相关者共同治理模式的建议。

第2章　独立学院内部治理的理论基础

2.1　法人的概念及分类

2.1.1　法人的概念

法人作为与自然人、非法人组织并列的民事主体，自产生以来就一直是民法学乃至整个法理学的重要概念。第一个提出这个概念的是与萨维尼同属历史法学派的胡果。而这一概念最早为立法者所接受并写入法律，则是在1896年颁布的《德国民法典》中。

根据现有立法资料，我国第一次以法律形式规定法人制度是在1982年7月1日实施的《中华人民共和国经济合同法》中。该法第2条明确规定了："经济合同是法人之间为实现一定经济目的，明确相互权利义务关系的协议。"此后，法学学者就法人的定义、特征和分类做了大量的研究工作。

在法学界卓有成效的努力之下，1987年1月1日实施的《中华人民共和国民法通则》以独立章节的形式规定了法人制度，并在第36条中对"法人"进行了立法定义："法人是具有民事权利能力和民事行为能力，依法独立享有民事权利和承担民事义务的组织。"根据《中华人民共和国民法通则》第37条规定，法人必须同时具备四个条件，缺一不可："（一）依法成立。即法人必须是经国家认可的社会组织。（二）有必要的财产和经费。法人必须拥有独立的财产，作为其独立参加民事活动的物质基础。（三）有自己的名称、组织机构和场所。法人的名称是其区别于其他社会组织的标志符号。名称应当能够表现出法人活动的对象及隶属关系。经过登记的名称，法人享有专用权。（四）能够独立承担民事责任。指法人对自己的民事行为所产生的法律后果承担全部法律责任。"

2.1.2 法人的分类

根据《中华人民共和国民法通则》之规定，我国的法人有四种类型，分别是企业法人、机关法人、事业单位法人和社会团体法人。

2.1.2.1 企业法人

所谓企业法人，是指以营利为目的，独立从事商品生产和经营活动的经济组织，其属于传统理论中的营利法人。按照我国相关法律之规定，企业法人又可以分为全民所有制企业法人、集体所有制企业法人、公司制企业法人、中外合资经营企业法人和外资企业法人等。

2.1.2.2 机关法人

机关法人是指依法享有权力，因行使职权的需要而享有相应的民事权利能力和民事行为能力，并独立承担民事责任的国家机关。机关法人包括权力机关法人、行政机关法人、司法机关法人等。

2.1.2.3 事业单位法人

事业单位法人是指以社会公益事业为目的，从事文化、教育、卫生、体育、新闻等公益事业的单位。事业单位法人从事民事活动所产生的债务，应以其独立经费负担清偿责任。

依照法律规定或行政命令组建的事业单位从成立之日起，即具有法人资格。由自然人或法人自愿组建的事业单位，在依法办理法人登记后即取得法人资格。

2.1.2.4 社会团体法人

社会团体法人是指由自然人或法人自愿组成，从事社会公益、文学艺术、学术研究、宗教、慈善等活动的法人。

2.2 法人治理结构溯源

法人治理结构是一个外来语，又称公司治理结构（corporation governance structure）。它是现代企业制度中最重要的组织架构，主要是指用于实现企业目标的一套制度安排。关于法人治理结构的概念，学术界没有完全统一的结论，而是从不同角度出发，见仁见智。总的来说，狭义的公司治理结构主要是指公司内部股东、董事、监事及经理层之间的关系，即有关公司股东会的权利、董事会的组成、监事会的职权等方面的制度安排。广义的公司治理结构还包括与利益相关者（如员工、客户、投资者和社会公众等）之间的关系。

2.2.1　产权

现代企业的重要特征之一就是股东财产所有权与企业经营控制的分离，这种分离所带来的最大优势就是可以使企业资源与经营管理人员达到最优的组合，使企业效益最大化。Jensen和Meckling（1976）指出，公司股东并不具体负责公司的经营，而掌握公司经营权的经理却不一定拥有公司的股份，由于两者的利益取向并不完全一致，由此产生了公司股东与经理人员的代理问题、公司股权与公司绩效的关系问题，公司治理正是以所有权与控制权的分离为基础的。因此，从表面上看法人治理结构是廓清各利益主体分配关系和其他权利义务关系，但实质上还是围绕产权关系展开的，重在落实产权关系。因此，产权问题是法人治理结构中的关键问题。

2.2.2　产权的含义及内容

产权是一种权利，这是产权经济学家已经达成的共识。产权的定义很多，但被罗马法、普通法、马克思和恩格斯以及现行的法律和经济研究基本同意的产权定义如下：产权不是指人与物之间的关系，而是指由物的存在及关于它们的使用所引起的人们之间相互认可的行为关系。产权安排确定了每个人相应于物时的行为规范，每个人都必须遵守他与其他人之间的关系，或承担不遵守这种关系的成本。因此，对共同体通行的产权制度可以描述为它是一系列用来确定每个人相对于稀缺资源使用时的地位和经济社会关系。[①]

[①]　[美] R. H. 科斯、A. 阿尔钦等：《财产权利与制度变迁——产权学派与新制度经济学派译文集》，刘守英等译，上海三联书店1991年版，第204～205页。

马克思在其著作中提到的产权,包括所有权、归属权、占有权、使用权、支配权、经营权、收益权等一系列权利。① 所有权包括终极性,即最高的、不可再追溯的排他性权利以及完整性,包括归属、占有、支配和使用的"完整"的权利。归属权是狭义的所有权,是指产权主体把客体当作自己的专有物,排斥别人随意加以侵夺的权能和作用,包括排他性、不可追溯性和获利性三层意思。占有权是主体对财产的实际的物质的管理、控制和支配的一种权力。使用权是利用财产的权利,它是不同于支配权和占有权的独立的产权权能。支配权是指主体对财产的实际运营,包括出售、赠送、抵押或自用等,也包括决定财产的使用方向。经营权是指财产经营主体对其经营的财产的占有、使用、支配和一定范围内收益的分配权,它也是一种独立的财产权利。收益权有时也称剩余索取权或剩余收益权,剩余收益是指财产运营所产生的收益中扣除成本后的剩余部分收益。

2.2.3　财产所有权

财产所有权,一般指经济主体的所有权人依法对自己的物品财产所享有的独占性的支配权。《中华人民共和国民法通则》第71条规定:"财产所有权是指所有人依法对自己的财产享有占有、使用、收益和处分的权利。"这一规定中:占有,指所有权人对财产实际上的占领和控制,财产可以由财产所有人自己占有也可以由非所有人占有;使用,指依照物的性能和用途,并不毁损其物或变更其性质加以利用;收益,指收取所有物的利益;处分,指决定财产事实上和法律上命运的权能。这是财产所有权的核心,也是最基本的权能。这四项权能构成财产所有权的完整内容,它们中的任何一项或全部都能与所有权人相分离,但所有权人并不丧失所有权。

2.2.4　企业所有权

企业所有权不能等同于财产所有权。企业所有权是在财产所有权

---

① 参见胡赤弟《教育产权与现代大学制度构建》,广东高等教育出版社2008年版,第38页。

界定基础上，对企业合约的剩余索取权和剩余控制权做出的安排。剩余索取权是所有权中的一项重要权利，它是对剩余劳动成果的要求权。在单人业主制制度下，业主既是投资者又是企业的管理者，也就是说资本拥有者既是资本所有者，又是资本使用者。在这里，资本所有权和使用权是同一的，利润归属同一主体所有，不存在各主体对利润的分割问题，资本所有者拥有完全的剩余索取权。随着社会生产力的发展，社会分工也更加细化，出现了专门负责生产的管理者和对经理人员及员工进行经营监督的监督者。此时，多人分工协作劳动就需要一个指挥者来协调整个生产经营过程。当企业达到一定规模，就有可能出现专门的管理者，负责使各部分的劳动成为全部活动的有机组成部分，以达到预期的劳动生产目的，剩余索取权开始在资本所有者与管理者之间进行分配。随着股份有限公司制度的建立，资本所有权和使用权进行分离，经营者一般都不是所有者，此时，剩余索取权一般会在资本所有者与经营管理者之间进行分配。

企业所有权不只是剩余索取权，更重要的是剩余控制权。没有剩余控制权的剩余索取权是没有保障的。效率最大化要求剩余控制权和剩余索取权的适当匹配。张维迎（1996）认为，公司治理结构在本质上是一种合约制度，其核心是在合约当事人之间如何配置企业所有权，从而实现公司治理的制度效率。因此，谁拥有企业所有权就显得尤其重要。关于企业所有权的配置原则，从 Knight（1921）开始，经济学家们就认为，公司治理结构的有效性要求企业剩余索取权和剩余控制权必须匹配。杨瑞龙和周业安（1997）也认为，企业治理结构本质上就是一个关于企业所有权安排的合约。

2.2.5 企业控制权

Berl 和 Means（1932）提出，由于企业所有权和控制权分离，而现代股份公司股权也越来越分散，使得公司的实际控制权就落到了公司经理人手中，由此而引发了委托—代理关系问题，这就触及了企业控制权这一关键主题。如何能合理地利用企业控制权，谁拥有控制权、谁应该拥有控制权、公司参与各方的责权利，并促使控制权的高效率流动，这一系列问题的解决将能够帮助我们创造最佳的公司治理安排，并通过对企业控制权的研究，帮助企业提高绩效、协调投资者和利益相关者之间的关系，并使之整体利益实现最大化。

现代公司制企业的一个显著的特征就是个人财产所有权与企业所有权相区别。公司制企业是将众多的个人财富集中起来，并将其控制权置于同一的管理之下。资本的所有者与负责经营的管理者之间发生了分离。由于专业知识的欠缺，股东们不得不逐渐脱离企业经营管理工作，除保留可以通过投票来选举董事会等少量决策权外，将其余的大部分决策权交给了董事会，而董事会又将大部分经营管理决策权交给了由他们选择和聘用的总经理。随着企业规模的进一步扩大和股东产权的分散，股东之间形成了各种不同的股东利益集团，并相互争夺企业控制权。这种争夺将会导致经营管理者对企业控制权的逐步渗入，并会最终进入企业控制权的中心。虽然有关法律及企业章程上明文规定了股东的许多权利，但在实际中一些权利很难得到具体实施，企业的控制权已经从作为股东代表的董事会的手中转移到实际控制董事会的经营管理者手中，实现了法人产权的控制形式。

公司治理的功能是配置权、责、利。合同要能有效，关键是对在出现合同未预期的情况时谁有权做出决策安排。一般来说，谁拥有资产，或者说谁有资产所有权，谁就有剩余控制权，即对法律或合同未作规定的资产使用方式做出决策的权利。公司的首要功能，就是配置这种控制权。

总之，企业控制权是从股东所有权中派生出来的经济性权能。它在本质上是一种新的利益存在方式，是利益冲突的产物。企业控制权的正当行使，对企业的产生和发展发挥了关键的推动作用，有利于提高公司运行的效率，企业的核心通过制度的方式保障企业控制权的正当行使。

2.2.6 狭义的法人治理结构

狭义的法人治理结构一般是由股东会、董事会和经理、监事会组成。这种法人治理结构实际上是公司的决策权、管理权和监督权三者相互制衡，股东会掌握的是公司的最终决策权，董事会和经理层掌握的是公司的管理权和具体经营权，监事会掌握的是公司的监督权。这种构造，在纵向表现为一种双层的嵌套关系结构：第一层是股东通过股东会与董事会之间的"信托关系"，构成了出资人对公司的一级控制权的配置与行使；第二层是董事会与经理层之间的"委托代理"关系，形成了对公司生产经营活动的二级控制权的配置与行使。

2.2.6.1 股东会

股东会是指各类公司中由全体股东组成的公司权力机构，它包括股份有限公司和有限责任公司的股东会。从法理上看，股东会作为公司最高权力机关具体体现在以下几个方面：

(1) **股东会是决定公司意愿的机构**

股东会依公司法和公司章程所授予的职权，通过股东会的决议，决定公司的意愿。股东会与公司其他治理机构的不同在于，其仅仅具有决定公司意思的职能，而董事会不仅具有决定公司日常经营事务的职能，同时还承担业务执行的职能；监事会不仅具有决定公司监督事务的职能同时还承担该事务的执行。股东会的职能是单一的，它仅仅决定公司意愿，而不负责执行决议，也不对外代表公司，更不负责监督事务的决定及执行。

(2) **股东会是公司的最高决议机构**

股东会是就公司内重大事项做出决议的机构。一方面，股东会决议是公司经营活动的根据，因而它对公司有约束力；另一方面，股东会决议又是董事会业务执行、经营决策和监事会监督的根据，因而，它也约束董事会、监事会。在现代公司运营中，股东会的职权呈弱化趋势，增资、减资等重要事项的决定权开始逐步让与董事会，但其仍享有董事、监事的选任、解任以及重大资产转让等重要事项的表决权。因此，不能因为股东会职权的弱化就否认股东会作为最高决议机构的法律地位。

(3) **股东会是由全体股东组成的机构**

公司的治理结构虽然是多样化的，但只有股东会是由全体股东组成的机构。

(4) **股东会是公司的必设机构**

股东会是公司设立和存续的必要条件，公司不得以章程或合同将其废止。

2.2.6.2 董事会

董事会是由股东会选举产生,由全体董事组成,行使经营决策和管理权的集体业务执行机构。董事会的法律地位体现在如下两个方面:

(1) 董事会是公司经营意思决定和业务执行机构

股东会是公司的最高意思决定机构,但股东会并不是公司的常设机构,其不可能随时处于运行状态,难以对公司经营中面临的问题即时做出决定。相比较而言,董事会组成成员少,可以对公司经营管理事项不定期地召开会议进行审议,且董事会又集中了经营管理专业人士,适于承担日常经营决策的任务。除法律规定和公司章程规定由股东会决议的事项外,董事会对公司业务及行政事项均有权做出决定。

(2) 董事会应向股东会负责

《中华人民共和国公司法》(以下简称《公司法》)第47条明确规定:"董事会对股东会负责。"这表明,董事会应向选举它的公司最高权力机构负责。

2.2.6.3 监事会

监事会是指以检查监督公司的财务及业务执行状况为目的而设立的治理机构。监事会的法律地位如下:

(1) 监事会由依法产生的全体监事组成

监事一般由股东会选举产生,但基于利益相关者或意识形态的考量,《公司法》规定适当比例的监事由职工代表组成,该职工代表由职工代表大会或职工大会选举产生。监事会的职权由监事会统一行使,监事个人不得独自行使。

(2) 监事会是对公司事务进行监督的机构

对公司董事、经理进行监督是监事会最初产生的重要动因。公司的日常经营决策权由董事会享有,经理负责执行,这就必然需要对董事、经理的决策、执行行为是否符合股东会决议及公司利益进行监督。

(3) 监事会在特殊情况下可以代表公司

一般情况下，监事会仅承担监督职能，这一本质决定了监事会是不能代表公司的。但在某些情况下如董事、高级管理人员执行公司职务违反法律、行政法规或公司章程的规定，给公司造成损失的，监事会可以依据股东会之请求，向人民法院提起诉讼，要求董事、高级管理人员承担相应的赔偿责任，这时监事会实际上就是代表公司的。

2.2.6.4 经理

经理，是由董事会聘任的，在法律、公司章程和董事会的授权范围内管理公司日常生产经营的高级管理人员。① 在《公司法》中，经理是置于一种独立的公司机构的地位。首先，经理在《公司法》中与"三会"被并列于公司组织机构中；其次，经理职权法定化，凸显了经理的地位；最后，《公司法》规定经理可以担任公司法定代表人。这些都表现出经理位置的重要性。

在现行《公司法》中，经理的法律地位主要体现为以下几个方面：

(1) 经理是由董事会聘任的公司的非必设机构

与董事、监事主要来源于公司股东会或者职工大会民主选举不同，公司的经理是由公司董事会负责聘任和解聘的。这与经理在公司中应承担的具体事务有关，即经理负责公司的日常经营业务，而日常经营业务主要的决策权掌握在董事会手中，因此，由董事会根据公司日常经营状况选聘经理是最适宜的。

(2) 经理是公司日常经营管理的总负责人

由于公司的存在目的是通过经营行为获得利润，因此公司均须有日常经营管理机构。负责公司日常经营管理的人员可以有数人，而经理则是这数人中的负责人，这有别于公司的其他高级管理人员。经理是公司日常经营管理的总负责人，并不意味着经理拥有一切公司日常经营管理事务的决策权，它仅仅说明，在公司日常经营管理过程中，公司经理扮演着核心的角色，主导公司的日常经营事务。

---

① 吴春岐：《公司法》，中国政法大学出版社2006年版，第278～279页。

（3）经理可以担任公司的法定代表人

这是《公司法》在 2005 年修订时所进行的一项重要改革。其中第 13 条明确规定："公司法定代表人依照公司章程的规定，由董事长、执行董事或者经理担任，并依法登记。"也就是说，公司的法定代表人也可以由经理担任。这一修订，将法定代表人的决定权交由公司章程规定，体现了《公司法》对公司在法定代表人自治权方面的尊重，也是立法灵活性的体现。

2.3 法人治理结构引入我国高等学校的背景分析

随着世界范围内社会经济的迅猛发展，法人治理结构的概念逐渐被引用到高等院校中来。而事实上，能够将法人治理结构引用到高等院校中来的重要基础，是我国高等学校独立法人地位的确立以及办学自主权的扩大。

在 20 世纪 90 年代以前，我国高校的办学体制是由政府包揽一切。高校不具有独立的法人地位，高校的教育管理活动基本由政府包揽。在计划经济时代，这种体制有其历史必然性与合理性，且对在当时历史条件下我国高等教育的发展发挥了积极作用。但是，随着国家经济体制和政治体制改革的推行、社会主义市场经济的建立和发展，为满足高等教育改革的需要以及高校自身发展的需求，必须改革传统的管理体制，建立新的办学体制。

1993 年 2 月 13 日，中共中央、国务院颁布《中国教育改革和发展纲要》，提出："在政府与学校的关系上，要按照政事分开的原则，通过立法，明确高等学校的权利和义务，使高等学校真正成为面向社会自主办学的法人实体。""政府要转变职能，由对学校的直接行政管理，转变为运用立法、拨款、规划、信息服务、政策指导和必要的行政手段，进行宏观管理。要重视和加强决策研究工作，建立有教育和社会各界专家参与的咨询、审议、评估等机构，对高等教育方针政策、发展战略和规划等提出咨询建议，形成民主、科学的决策程序。""要在招生、专业调整、机构设置、干部任免、经费使用、职称评定、工资分配和国际合作交流等方面，分别不同情况，进一步扩大高等学校的办学自主权。"高等学校"要善于行使自己的权力，承担应负的责任，建立起主动适应经济建设和社会发展需要的自我发展、自我约束的运行机制"。

1995年3月18日，《中华人民共和国教育法》（以下简称《教育法》）颁布并于同年9月1日起施行。我国第一次在法律上明确规定学校可以取得法人资格。该法第31条规定："学校及其他教育机构具备法人条件的，自批准设立或者登记注册之日起取得法人资格。学校及其他教育机构在民事活动中依法享有民事权利，承担民事责任；学校及其他教育机构中的国有资产属于国家所有。学校及其他教育机构兴办的校办产业独立承担民事责任。"《教育法》规定了学校这一办学主体的法律地位，明确了学校的法律权利和义务。

1998年8月29日颁布并自1999年1月1日起施行的《中华人民共和国高等教育法》（以下简称《高等教育法》），对高校的独立法人地位等问题做出了更加明确而具体的规定。该法第11条规定："高等学校应当面向社会，依法自主办学，实行民主管理。"该法第30条规定："高等学校自批准设立之日起取得法人资格。高等学校的校长为高等学校的法定代表人。高等学校在民事活动中依法享有民事权利，承担民事责任。"

可以看出，我国高校法人地位的确立经历了一个较长的过程，并已经在法律上获得确立。由此，我国高校由原来长期依附于政府而逐步获得相对独立的法律地位，同时高校独立法人地位在法律上的确立也为高校办学自主权的实现提供了更多可能性。

高校办学自主权的理念源于西方国家所称的大学自治。传统意义上的大学自治，其概念"实可追溯自'中世纪大学'的自治为其前身，并且此种自治之概念是伴随着大学的形成而发展，同时也是大学不断反抗宗教及世俗的权威，而逐渐争取并获得承认的惯行"[①]。现代意义上的大学自治在新的时代背景下被赋予了新的内涵和外延。它

---

① 贺德芬：《大学之再生——学术自由·校园民主》，台湾时报文化出版企业有限公司1991年版，第220页。

不再是封闭的"象牙塔"式的阳春白雪，而是大学围绕社会经济、政治和文化发展的需求，主动开放，自主开展办学活动。"大学自治是高等教育体制的基本制度，其内涵是大学作为一个法人团体，可以自主地治理学校，自主地处理学校的内部事务，最大限度地选择与外部环境的互动方式。其核心是自主地配置大学所拥有的资源，组织资源为社会提供高质量的教育服务，以此获得生存与发展。"①

在《高等教育法》中，针对高校办学自主权的主要范围和内容，用较大篇幅作了较具体的规定。第32条："高等学校根据社会需求、办学条件和国家核定的办学规模，制定招生方案，自主调节系科招生比例。"第33条："高等学校依法自主设置和调整学科、专业。"第34条："高等学校根据教学需要，自主制定教学计划、选编教材、组织实施教学活动。"第35条："高等学校根据自身条件，自主开展科学研究、技术开发和社会服务。国家鼓励高等学校同企业事业组织、社会团体及其他社会组织在科学研究、技术开发和推广等方面进行多种形式的合作。国家支持具备条件的高等学校成为国家科学研究基地。"第36条："高等学校按照国家有关规定，自主开展与境外高等学校之间的科学技术文化交流与合作。"第37条："高等学校根据实际需要和精简、效能的原则，自主确定教学、科学研究、行政职能部门等内部组织机构的设置和人员配备；按照国家有关规定，评聘教师和其他专业技术人员的职务，调整津贴及工资分配。"第38条："高等学校对举办者提供的财产、国家财政性资助、受捐赠财产依法自主管理和使用。"

《中华人民共和国民办教育促进法》（以下简称《民办教育促进法》）第5条明确指出："民办学校与公办学校具有同等的法律地位，国家保障民办学校的办学自主权。"

在此，国家通过一系列法律法规和政策的规定，使高校办学自主权具有更强的权威性和指导性。高校自主权实际上直接反映了高校与政府之间在权力分配和责权利配置等方面的关系。它是适应高等教育

---

① 熊志翔等：《高等教育制度创新论》，广东高等教育出版社2002年版，第235页。

管理体制改革、建立现代大学制度的现实体现，是建立高校法人治理结构的重要根基。随着高校办学自主权的不断扩大，高校获得了更大的发展空间，更能够积极主动适应经济和社会发展的形势，增强自我完善、自我约束、自我发展的能力。

总之，我国高校要真正能够做到自主办学，关键是要能够实行法人治理，法人治理才是保障学校自主办学的根本性前提。换句话说，高等学校和其他法人组织一样，也需要实行法人治理，并通过合理设计法人治理结构，来落实和扩大学校办学自主权，完善现代大学制度。因此可以说，将法人治理结构引用到高等院校中来，建立合理的法人治理结构正是实现高校办学自主权的需要，是真正实行大学法人制度的需要，是大学法人发挥其权能，在法律允许的范围内实现其权利、完成其义务的重要前提。

2010年5月6日由国务院审议通过并于7月29日正式颁布的《国家中长期教育改革和发展规划纲要（2010—2020年）》是指导我国未来十年教育改革与发展的政策蓝图，具有重大的时代意义。其中，将完善大学治理结构作为一项与现代大学制度建设密切相关的改革事项提出来："完善中国特色现代大学制度。完善治理结构。公办高等学校要坚持和完善党委领导下的校长负责制。健全议事规则与决策程序，依法落实党委、校长职权。完善大学校长选拔任用办法。充分发挥学术委员会在学科建设、学术评价、学术发展中的重要作用。探索教授治学的有效途径，充分发挥教授在教学、学术研究和学校管理中的作用。加强教职工代表大会、学生代表大会建设，发挥群众团体的作用。"这标志着大学治理结构议题在我国已获得政治合法性并进入政策流程。[1]

2.4 高校法人治理与企业法人治理的异同

治理结构的研究最早源于对企业问题的关注，大家所熟知的治理

---

[1] 龚怡祖：《大学治理结构建立大学变化中的力量平衡》，载《高等教育研究》2010年第12期，第49～55页。

结构的概念大都是从企业问题的语境中提出的。当我们将公司法人治理结构借鉴到高校法人治理中时，首先必须找出两者的异同点。高校法人治理与企业法人治理之间既有共同点又有差别，以下作具体分析。

2.4.1 高校法人治理与企业法人治理的相同点

2.4.1.1 两者都是独立的组织

这也是法人的基本特性。法人是相对于自然人而言的，它是社会组织在法律上的人格化，是法律意义上的"人"。其组织体的独立性是法人最基本的特点。如果一个组织是依赖于其他组织而存在的非独立的，那它就不是法人。法人组织与非法人机构的根本差别就在于法人组织具备以自己的名义独立承担民事责任的能力，而非法人机构不具有这种能力和资格。高等学校作为法人组织，它的独立性表现在面向社会，依法自主办学；而企业作为法人组织，它的独立性表现为自主经营、独立核算、自负盈亏。

2.4.1.2 两者都具有独立的财产

财产的独立性表现为以下两点：一是独立于国家的财产。我国高等学校作为事业单位法人，虽然是由国家举办、国家拨款，但国家依法所拨的任何财产都是合法的，都是属于大学的独立财产；企业作为企业法人向国家缴税，国家就不负对企业法人债务的清偿责任了，因此企业的法人财产也是独立于国家的财产，由企业法人自负盈亏。二是独立于其他法人或其他个人的财产。高等学校的财产包括学校的土地、校舍、设备以及学校依法获得的各类经费等，其他任何个人或部门无权占有、使用或处分，任何侵占学校财产的行为都将被视为违法行为；企业法人应具有与其经营范围、经营规模相一致的财产总额，这是其参与经济活动的物质基础。任何企业不得支配其他企业的财产；同时，企业法人的财产既不是法人的领导人的财产，也不是其出资者成员或企业职工的财产。总之，无论是高校法人还是企业法人都有独立的财产，具有独立自主支配自己财产的权利。

2.4.1.3 两者都独立承担民事责任

这包含两层意思：一是必须承担民事责任；二是只能由其自己承担。独立法人必须对自己的行为所引发的后果独立承担责任，除非法律规定国家、法人组织的个人、部门或集体不承担法人的债务以及其他责任。高等学校作为独立法人，必须承担自己的行为所引发的一切责任。教育行政主管部门、大学的教职工、学生不承担高校的债务以及其他民事责任。例如，学校的债务需要学校来偿还，而不是其他部门来偿还。对企业而言，全民所有制企业法人以国家授予其经营管理的财产承担民事责任；集体所有制企业法人以及公司以企业所有的财产承担民事责任；中外合资经营企业法人、中外合作经营企业法人和外资企业法人以企业所有的财产承担民事责任。

2.4.2 高校法人治理与企业法人治理的不同点

高校法人的定位是事业单位法人，是以社会公益事业为目的，从事公益事业的单位，属于非营利性法人。而企业法人，是以营利为目的，独立从事商品生产和经营活动的经济组织，属于传统理论中的营利法人。两者法人性质的不同，导致各自的法人治理结构也存在差异。其主要表现为以下三点：

2.4.2.1 治理目标不同

高校法人治理与公司法人治理存在着根本目标与终极价值追求的差异。高等学校属于公共组织，其办学行为的受益人是不特定的社会公众，因而其目标必须建立在公共利益的基础之上。这一特点对高等学校的治理结构产生非常重要的影响。高等学校具有高等教育的属性，是公益性事业，其治理目标是多元的，不以追求资本利润为目的。它的基本任务是教学、科学研究和社会服务，它追求较高的办学质量，培养高素质的学生，实现知识传播、科技创新、提高全民素质的社会效益。它关注的是人身心的和谐发展和国民整体素质的提升。高等学校不以营利为目的，属于非营利性组织。《教育法》中规定："任何组织和个人不得以营利为目的举办学校及其他教育机构。"虽然高校采用收费的办法，但收取的费用是为了弥补提供公共事务过程中的经费不足，或者为了平衡在享受公共事务的物品和服务方面实际存在的差异，即使运作过程中有所盈余，也都全部用于学校发展，绝不是营利。而企业治理与此不同，企业是营利性法人，其治理目标是单一的，其追求的是单一的经济目标，即仅是为了保护投资者的利益，关注的仅是为投资者谋求合理的经济回报。企业作为营利性的社会组织，以物质产品生产为主要对象，以获得利润以及实现利润的最大化为根本目标，并将获得的利润由投资人进行分配。相比之下，高等学校治理比公司治理要复杂得多，高等学校的治理过程不可能像公司法人治理过程那样更多地体现出资人的股权利益。因为其不仅关涉个人利益，还更多涉及公共利益；不仅关涉个人福祉，而且关涉国家和民族教育大业的发展。

2.4.2.2 产权机制不同

首先，产权归属不同。《高等教育法》第38条规定："高等学校对举办者提供的财产、国家财政性资助、受捐赠财产依法自主管理和使用。高等学校不得将用于教学和科学研究活动的财产挪作他用。"《民办教育法》第35条和第36条分别规定："民办学校对举办者投入民办学校的资产、国有资产、受赠的财产以及办学积累，享有法人财产权。""民办学校存续期间，所有资产由民办学校依法管理和使用，任何组织和个人不得侵占。"这表明，无论是公办高校还是民办高校，学校的法人资产只属于学校。相比之下，企业法人的资产则分属于不同的所有者，投资者即所有者，私人企业则是私人所有，合资企业则是混合所有。

其次，产权运营追求的目标不同。高校的教育公益性目标决定了其产权运营追求的是教育公益的最大化。其产权明晰的目的在于明确举办者与办学主体或投资者与办学者及其权责范围，进而在实际操作中，对所有权以外的各项产权权能进行有效分离，把不同权利落实到具体的主体身上，促进教育运行良性发展，提高教育资源的配置效率。而企业的产权运营追求的是经济利益的最大化。其明晰产权的目的在于降低交易成本，增强激励和约束机制，实现企业经济利益的最大化。

最后,产权稳定性不同。高等学校以社会的公益性为最终追求,其价值目标具有长周期性和滞后性。这也决定了高校产权必须确保其稳定性,以保证办学者与经营者教育思想、教育方法的连续性和持续性,保证治理目标的最终实现。并且高校产权不能像企业一样进行自由买卖、转让或重组。而企业,其经济利益目标简单明确,价值目标可以在短期内实现。特殊情况时,出于所有者的要求或市场竞争的压力,很可能出现在尚未取得应有收益时而进行产权的重组或转让。

2.4.2.3 委托—代理关系不同

委托代理关系的存在是法人治理结构的前提,高校与企业一样存在委托—代理关系,但却有实质性的不同。

在企业中,委托—代理关系是企业所有权与经营控制权分离的产物。公司股东掌握企业的所有权但并不具体负责企业的经营;而负责企业实际经营管理的公司经理,有着丰富的经济知识和营销能力,掌握企业经营权但却不掌握资产,由此产生了委托—代理问题。在高校中,委托—代理关系是学校举办权与办学权分离的产物。公办高校的举办者为国家,民办高校的举办者为国家机构以外的社会组织或个人,他们拥有学校的举办权但不负责具体办学事宜,而高校自身作为办学者拥有学校的办学权,由此产生委托—代理问题。

高校的办学者与企业的经营管理者虽然表面上有着某些相似之处——都是组织的代理人而不是所有者,但他们却有着很大的差别。一方面,高校的办学者需要对社会负责,其责任是履行教育职责,实现利益相关者利益最大化即社会利益最大化。高校的办学者必须坚持教育的公益性原则,以保护受教育者和社会的利益为目标。而企业的经营管理者只需对企业的所有者即股东负责,其责任是实现股东利润最大化。可以说,企业经营注重股东们的利益,以追求经济利益为目标。另一方面,根据《高等教育法》和《民办教育促进法》的规定,公办高校的校长是学校的法定代表人,民办高校的校长必须参加董事会或理事会;而企业中,《中华人民共和国公司法》(以下简称《公司法》)并未明确规定经理必须参加企业的董事会。

2.5 高校法人治理结构

2.5.1 高校法人治理结构的内涵

通过上述高校法人治理与企业法人治理异同的对比，我们不难发现，高校法人治理与企业法人治理既有相似之处也存在差异。其共同点表明高校法人治理结构的构建可以借鉴企业法人治理结构，不同点则表明高校法人治理结构的构建还需要结合高校自身特点。关于高校法人治理结构的内涵及理解，学界对此有不同的观察点。

彭宇文认为，构建科学合理的高校法人治理结构必须借鉴《公司法》中的法人治理结构理论，同时结合高等教育实际。高校法人治理结构是指在一定的财产权制度基础上，为实现高校的教育目标，就高校内部治理的组织机构设置及其相互之间权力配置、制衡与激励的制度安排，以及为协调高校与外部利益相关者的关系的机制安排。①

覃壮才认为，公立高等学校法人治理结构比一般的公司治理结构复杂得多，主要是因为其不仅涉及内部治理问题，即内部的所有者（举办者）和经营者之间的代理成本问题，也涉及外部治理问题，即外部权利主体（政府、投资者、利益相关者、公众等主体）与高等学校法人之间可能产生的交易费用问题。② 具有自治传统的高等学校，在使用国库资金举办和经营时，产生的代理问题是不可避免的。

杨琼认为，学校法人治理结构到目前为止并没有一个非常明确的界定。对学校法人治理结构的界定既需要借鉴公司法人治理结构概念的精髓，又必须体现出学校法人治理过程中的权利冲突和价值诉求，体现出学校法人治理过程中的独特机制和内在规律。所以，为使其治

---

① 彭宇文：《高校法人治理结构的构建》，载《教育研究》2005年第3期，第49页。
② 覃壮才：《我国公立高等学校法人治理结构的基本模型探析》，载《教育学报》2005年第2期，第63页。

理结构体现出学校法人治理结构的内在规律和自身发展的管理机制，这就需要对在学校发展过程中的各个利益相关者的权利进行合理配置，并规范其权力运行机制。①

李福华指出，大学法人治理包括大学内部的法人治理和大学外部的法人治理。大学内部法人治理结构，就是要对大学法人的内部运行机制做出全面的界定，使其内部能够达到一种相互的制约和平衡，其包括内部组织结构的设置以及组织机构的运行规范。大学外部法人治理结构则侧重在协调和规范大学与政府、社会之间的权利配置关系。②

黄崴认为，公办高校法人治理的外部结构就是要依法规范政府与学校的权利和义务关系，一方面保障政府对公办高校的权利和义务的落实，另一方面也保障公办高校对人民、国家和政府的责任和权利的实现。公办高校内部法人治理结构就是要依法建立健全高校内部权利的分配机制和激励制约的长效机制，一方面确保公办高校实现国家或政府举办高校的目的，为国家和人民带来最大的公共利益，另一方面确保高校按照大学的逻辑办学，为学校经营者、教师、学生以及其他利益相关者带来最大的利益。③

综上，高校法人治理结构需要借鉴企业法人治理结构，同时更需要结合高校自身特点；高校法人治理结构必须以坚持教育的公益性，坚持有利于实现大学公益性目标为基本前提。在此，笔者将引用龚怡祖对"大学治理结构"所下的定义来对高校法人治理结构的内涵作结："它是能够体现大学的利益相关者组织属性和委托代理特点，以大学法人财产为契约对象、以利益相关者为契约关系中的签约主体、以实现公共利益为目标、旨在回应'冲突和多元利益'的大学决策

---

① 杨琼：《学校法人治理问题研究》，华东师范大学博士学位论文，2007年4月。

② 李福华：《大学治理的理论基础与组织架构》，教育科学出版社2008年版，第62～63页。

③ 黄崴：《公办高校法人治理结构及其建设》，载《高等教育研究》2008年第8期，第47页。

权制度安排。"①

2.5.2 高校法人治理结构的基本要素

高校法人治理结构应当包括三个最基本的要素：即高校法人治理的目标、高校的产权制度以及高校的利益相关者问题。

2.5.2.1 高校法人治理的目标

教育性是高校法人治理的最终目标。无论是公办还是民办，任何一所高校的最高理念和根本原则都是教育性。这一点在《高等教育法》中是有明确阐述的。高校法人治理结构作为对高校办学活动进行具体治理的一项基本制度，更应当贯彻教育性的根本目标。

首先，高校法人治理结构的构建应当体现"以人为本"的理念。以人为本，其根本目的是为了实现社会的全面进步和人的全面发展。因此，以人为本既是实现教育性目标的出发点和落脚点，也是开展法人治理结构构建工作的着眼点和立足点。具体而言，就是要以学生为本、以教师为本、以教育者和受教育者为本。高校法人治理结构的构建应当充分体现教育者和受教育者的主体性，强化教师和学生的参与意识和参与机制；高校法人治理结构的构建应当服从、服务于人才培养和教育者及受教育者的全面发展。

其次，高校法人治理结构的构建应当有利于实现高等教育目的。高校以培养人才为中心，是先进文化的代表者，是知识创新和传播应用的主要基地。高校法人治理结构的构建必须以之为基本价值取向，切实有利于实现教育性的根本目标。当然，对于公办和民办高校而言，它们的法人治理结构的具体运行机制会存在区别，但这种现代大学制度的一个共性问题仍然只能是人才的培养，必须充分关注培养人的高校教育的目的。科学的法人治理结构的目标只能是教育的公益性。

---

① 龚怡祖：《现代大学治理结构：真实命题及中国语境》，载《公共管理学报》2008年第4期，第72页。

2.5.2.2 产权制度

产权决定了法人的产生，产权制度影响着甚至是决定着法人治理结构，对于高校法人治理结构的构建具有基础性的意义。高等学校的产权制度是以法人产权为核心的制度体系。高校法人财产权是针对学校内部的各项财产而形成的权力，其来源包括国家的财政拨款、学生的学杂费收入以及通过社会渠道而获得的其他收入等。高校法人财产权具有两大根本特征。

（1）高校法人财产权应当是独立而又完整的

高校法人财产权在国家所有权或者出资人所有权基础上产生，但又独立于后者。《高等教育法》明确规定："高等学校对举办者提供的财产、国家财政性资助、受捐赠财产依法自主管理和使用。"法人财产在实际上完全归高校所有，高校在法律规定或者合同约定的范围内，对其财产享有完全的支配权；无论高校的出资者是国家还是社会组织或个人，在高校存续期间，他们必须保证学校财产的完整性，不能直接随意支配学校财产，更不得分割学校的财产，而只能通过董事会等形式间接参与学校管理。除出资人投入学校的财产以外，高校在自身办学活动中积累的财产也属于高校法人财产，享有独立的法人财产权。总之，高校法人财产权的这一特征是高校成为独立的法律主体的物质基础，也是其作为独立的法律主体的本质体现。

（2）高校法人财产权在内容或者表现形式上存在多元化的特征

具体表现为：一是有形资产的投入。出资者投入高校的资金、教室、设备、土地等均属于物质性资产，是学校开展办学活动的基本物质条件，也是高校作为独立法人的必备条件。这些是可以也必须计量的资产。二是无形资产的投入。高校办学活动的智力性和精神性使得无形资产在高校法人财产权中占有主要的地位。高校的无形资产包括高校学校名称及其品牌声誉、教学科研成果中的智力性部分等等。这是高校形象、知名度和美誉度、办学质量和文化的集中体现，与学校的历史、地位等有着密切关系。这些重要的无形资产是很难计量的。

2.5.2.3 利益相关者问题

美国学者亨利·罗索夫斯基在《美国校园文化——学生、教授、管理》一书中认为,大学的利益相关者是由与大学有利害关系的人或群体组成的。按照重要程度或与大学之间的关联度,可以将这些人或群体分为最重要群体、重要群体、部分拥有者和次要群体四个层次。其中,第一个层次是教师、行政主管和学生,他们是学校最重要的利益相关者。第二个层次是董事、校友和捐赠者,他们是学校重要的利益相关者。第三个层次是政府和议会,他们是"部分拥有者"的利益相关者。第四个层次则是大学利益相关者中最边缘的一部分,即市民、社区、媒体,是次要层次的利益相关者。张维迎在《大学的逻辑》一书中指出,大学是一个典型的利益相关者组织,每个人都承担一些责任,但没有任何一部分人对自己的行为负全部责任。大学里面的利益相关者包括教师、校长、院长、行政人员、学生以及毕业了的校友,当然也包括我们这个社会本身(纳税人)。① 总之,高等学校是一个典型的利益相关者组织,作为公益性法人,更需要强调利益相关者参与学校治理。构建利益相关者共同治理机制,是高等学校法人治理结构中的又一重要问题。其主要是指建立利益相关者的沟通、指导和监督机制。

首先,在利益相关者与高校之间必须建立进行信息交流的沟通机制。一方面,利益相关者享有对高校办学活动的知情权;另一方面,高校也有必要及时听取利益相关者对学校办学活动的意见和建议,从而改进管理。因此,高校在其办学活动中,要保证重要信息特别是对直接涉及利益相关者利益的信息及时、准确地予以公开通报。利益相关者也应当积极主动地表达自己对学校办学活动的看法和建议,通过正常、合理、便捷的渠道要求高校办学者予以解释,促使其改进工作。其次,建立利益相关者指导机制。一方面,利益相关者享有对高校办学活动的指导权;另一方面,高校也有必要取得利益相关者对办学活动的了解、理解和支持。利益相关者可以通过选派代表参与董事

---

① 张维迎:《大学的逻辑》,北京大学出版社 2004 年版,第 19 页。

会、建立利益相关者组织等方式来指导、参与办学。最后，建立利益相关者监督机制。一方面，利益相关者享有对高校办学活动的监督权；另一方面，高校也有必要接受利益相关者的监督以保证办学质量。利益相关者的监督是为了维护自身利益，这种监督有来自于高校外部的，也有来自于高校内部的。高校内部民主监督机制是基础，来自高校外部利益相关者的监督机制是对其的补充，但有时候甚至比高校内部监督机制更为有效。利益相关者监督机制，既是对利益相关者自身利益的维护，又有利于维护高校良好的办学秩序。

总之，完善利益相关者共同治理机制是高校法人治理结构中的重要制衡力量，必须予以切实保证。

2.6 独立学院法人治理结构的提出

独立学院是我国高等教育发展中出现的新模式，与我国公办高校和民办高校都存在一定的差别，有其自身的独特特点。

2.6.1 独立学院法人的性质

我国公办高校属于事业单位法人，这是十分明确的。根据《中华人民共和国民法通则》关于法人的分类，"事业单位法人是指为了社会公益事业目的，从事文化、教育、卫生、体育、新闻等公益事业的单位"。而在我国，民办高校的法人类型则是不明确的。民办高校在我国《民办非企业单位登记管理暂行条例》《民办非企业单位登记管理办法》和税法中被归属于"民办非企业单位"。但是，《民办教育促进法》第3条和第5条分别明确规定："民办教育事业属于公益性事业，是社会主义教育事业的组成部分"，"民办学校与公办学校具有同等的法律地位"。显然，"民办非企业单位"与"事业单位"是不平等的。对此，有地方政府将该问题明确化。2008年湖南省政府出台了《关于促进民办教育发展的决定》，首次明确："民办教育事业属公益性事业，民办学校是民办事业单位，民办学校与公办高校具有同等的法律地位。"湖南省政府的此次举动，意义十分重大，真正贯彻落实了民办教育促进法，真正落实了民办学校与公办学校的同等法律地位。鉴于此，本研究也将我国的民办高校归类为民办事业单位法人，独立学院作为民办高校的重要组成部分，同样属于民办事业单位法人。

2.6.2 作为民办高校，独立学院与公办高校的差别

作为民办高校，独立学院与公办高校的差别体现在产权关系、委托—代理关系、管理体制三方面，具体如下：

2.6.2.1 产权关系

公立高校的经费几乎全部依靠国家财政拨款，其产权归属全体人民。民办高校的举办者是国家机构以外的社会组织或个人，而且用于投资办学的资金只能是非国家财政性经费，这就决定了民办高校的民办属性。在公办高校中，法人一定是学校校长；而在民办高校中，法人可以是投资方代表也可以是学校校长。

2.6.2.2 关于委托—代理关系

无论是公办高校还是民办高校，其办学者，即代理人都是以校长为首的教职工。但是委托人即学校的举办者则不同。在公办高校，出资者是政府，政府是公办高校的举办者；在民办高校，出资者是"国家机构以外的社会组织或者个人"，他们是民办高校的举办者。

2.6.2.3 管理体制

《高等教育法》第39条规定："国家举办的高等学校实行中国共产党高等学校基层委员会领导下的校长负责制"，即公办高校实行的是党委领导下的校长负责制。《民办教育促进法》第19条规定，"民办学校应当设立学校理事会、董事会或者其他形式的决策机构"，民办高校实行的是董事会领导下的校长负责制。

2.6.3 独立学院与普通民办高校的差别

《独立学院设置与管理办法》中明确指出："独立学院是我国民办高等教育的重要组成部分。"但现实中，独立学院又是民办高校中

特殊的一分子，不同于普通民办学校。

我们将民办高校分为普通民办高校和独立学院两种类型。独立学院与普通民办高校相比，其特点和优势都在于有公办高校参与举办，也正是这一特点，使得独立学院与普通民办高校在办学主体和产权结构方面都存在差异。就举办者而言，普通民办高校的举办者可以是国家机构以外的社会组织或者个人但不含公办学校。独立学院在现实中，存在两种类型，因而其办学主体也不同：一类是公办高校自己举办的，其办学主体就是公办高校自己。另一类则是既有公办高校又有社会投资方的，其办学主体是公办高校和社会投资方。

就产权结构而言，民办高校的资本主要是民间资本投入形成的，虽然《中华人民共和国民办教育促进法实施条例》（以下简称《民办教育促进法实施条例》）中有"举办者以国有资产参与举办民办学校"的条款，但现实中少有这种类型的普通民办高校。对于独立学院而言，公办高校与投资方都是独立学院的出资者，独立学院的资产中既有"国有资产"（即公办高校的投入）也有"非国有资产"。

由以上分析得出，作为民办高校，独立学院法人治理结构与公办高校有异，它们的产权关系、委托—代理关系及管理体制存在区别。作为民办高校中的特殊类型，独立学院的举办主体和产权结构均与普通民办高校有差别，因此它们的法人治理结构也是不同的。

总之，对独立学院法人治理结构的研究，必须是从我国的具体国情出发，从我国独立学院的实际出发，创造性地探索符合独立学院实际特点的法人治理模式，构建具有中国特色的独立学院法人治理结构。

2.7　独立学院法人治理结构的基本框架

结合上述独立学院的自身特点以及高等学校法人治理结构的分析，笔者认为：独立学院法人治理结构是在坚持教育公益性的前提下，以独立学院产权制度安排为核心，对举办高校、投资方以及独立学院自身等利益相关者的权利分配与制衡所做的一套制度安排。

独立学院法人治理结构的基本框架主要包括：治理目标、产权制

度、治理机制和利益相关者问题。（如图2-1）

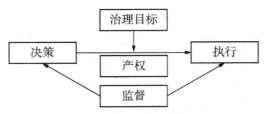

图2-1 独立学院法人治理结构框架

2.7.1 治理目标

在现有的法律框架下，独立学院法人治理结构的治理目标是坚持教育的公益性原则，坚持依法办学，实现独立学院的可持续发展，提高办学效益，让举办者"可以获得合理回报"。

作为中国高等教育体制的一种新的办学模式，独立学院必须坚守这样一条办学理念——"经营大学，办好教育"。大学需要经营，否则无法在竞争中生存和发展，教育也就无所依托；如果教育办不好，大学也就经营不下去，这两者互为依存。大学是一个实体，教育是一种活动。从根本上说，经营大学是手段，办好教育是目的，衡量大学经营得好与不好的最终标准，是看它是否很好地履行了教育的职责，完成了教育的功能。一所大学办得成功与否，取决于办学者对两者关系的把握。①

2.7.2 产权制度

产权制度是独立学院法人治理结构中的基础要素，也是核心要素。它是完善独立学院法人治理结构、构建独立学院法人治理制度需要解决的重要问题。在独立学院的发展过程中，为了避免日后的权益纠纷，保护独立学院独立法人的权益、独立学院举办者的合法财产权益和防止国有资产的流失，建立产权明晰、责任明确的产权制度是极

---

① 冯向东：《经营大学，办好教育——依托名校办分校的办学实践研究》，载《复旦教育论坛》2004年第6期，第66页。

为重要的。

研究独立学院的产权制度，主要涉及独立学院的社会投资方、举办高校与独立学院自身之间的产权关系。

社会投资者对独立学院主要是有形资产的投资，当其将该部分财产或其中的一部分出资到独立学院这个独立的法人实体名下以后，投资者享有的是以该部分所有权换取的对独立学院相应的股权，并从中取得相应的收益权，不具有对该部分出资的占有权和处分权。

同理，母体高校对独立学院的投资主要是自己的品牌等无形资产的投资，按比例取得一定的股权，与投资者一样从中享有该部分无形资产对应的收益权。政府是所有高校包括独立学院的"管理者"，对学校设立、运行、撤销进行监督管理。政府是公办高校的举办者，不参与举办独立学院；但在部分"校中校"模式的独立学院中，政府同时扮演了投资方的角色，如为独立学院的举办而出资或划拨土地等。按照《民办教育促进法实施条例》的规定，政府的这部分投入，可以作为国家对独立学院的资助，也可以转为独立学院的借贷，但均"不属于民办学校举办者的出资"。

独立学院作为独立的法人实体，拥有法人财产权。无论是最初投资方、政府或公办高校的出资，还是之后学校发展过程中的学费收入等，均属于独立学院的法人财产。

2.7.3 治理机制

治理机制，即如何治理，通过什么样的程序和机构，才能使高校法人治理结构合理安排各利益相关者的责、权、利关系。治理机制是围绕产权制度安排的，是独立学院产权制度安排的具体落实。

2.7.3.1 决策机制

科学的决策机制对于独立学院的治理来说至关重要。它是完善独立学院法人治理结构、构建独立学院法人治理制度的核心内容。建立民主科学的决策制度，重点在于推进独立学院董事会制度建设，关键是要丰富和完善董事会的成员结构，明确董事会的职能权限，完善董事会的议事规则，形成一个内外结合、多方参与、程序科学、运行高效的决策体系。

2.7.3.2 执行机制

建立合理的执行机制。加强独立学院执行机构的建设，也是构建独立学院法人治理制度的一个重要内容：一方面，要依法保障校长独立行使教育教学和行政管理权；另一方面，要着力完善校长的激励机制。要建立健全董事会领导下的校长负责制，推进校长队伍职业化发展，提高以校长为核心的行政管理团队的执行能力和管理能力。

2.7.3.3 监督机制

建立一套灵敏有力的监督制度，也是构建独立学院法人治理制度不可或缺的重要方面。合理的内部监督机制，需要设置独立的内部监督机构。一方面，要设立独立行使监督职责的监事会，优化监事会的人员结构，充实监事会的职能；另一方面，建立以教师为主体的教职工代表大会，完善教职工代表大会制度，强化教职工代表大会的职能作用，使教职工参与民主管理和监督的权利落到实处。

2.7.4 利益相关者问题

前面提到，高校是一个典型的利益相关者组织，要实行利益相关者共同治理。独立学院的利益相关者有哪些呢？哪些利益相关者必须参与学校的治理？考虑将哪些利益相关者纳入独立学院的治理主体，准确界定独立学院的治理主体是贯穿独立学院治理结构的纽带。

对于独立学院的利益相关者，我们需要衡量各主体与独立学院之间的利益依存度，只有那些既有参与治理需求又有相应治理能力（既有动力又有能力）的利益相关者才能有效治理独立学院。笔者认为，必须担当独立学院治理主体的利益相关者主要有：独立学院的举办者、独立学院的办学者、独立学院的管理者。

2.7.4.1 独立学院的举办者

独立学院的举办者包括举办独立学院的公办高校（也可称其为母体高校）以及独立学院的投资方。公办高校作为独立学院的母体高校，是独立学院无形资产的投入者。虽然独立学院是独立于母体高校的机构，但是独立学院的发展需要母体高校的支持与配合；而母体高校有能力也有责任参与独立学院的治理。独立学院的投资方是独立学院有形资产的投入者，从独立学院产生之日起就是独立学院的治理主体。投资方一般负责办学条件和硬件设施的建设。因为投资方对学校投入的是有形资产，资金投入很大，同时对学校的依存度也最大，所以，他们最有动力治理学校，其资金优势也使其有基础来治理独立学院。

2.7.4.2 独立学院的办学者

办学者一般指以独立学院院长为首的教职工。独立学院的院长在教育管理上富有能力和经验，主要对董事会负责，组织实施董事会的决议，主持学院的教育工作。独立学院的教职工是独立学院主要的办学力量，在独立学院进入关键的转型期时，独立学院的教职工更是学校核心竞争力的载体，是独立学院的财富。教职工会因学校的发展而升值和获得荣耀，也会因学校的发展而得到物质和精神上的回报。因此，在学校治理的过程中，应当发挥教职工的作用，为教职工发挥才能提供有效的舞台，支持教职工参与学校治理工作。

2.7.4.3 独立学院的管理者

《高等教育法》中明确规定："国务院统一领导和管理全国高等教育事业。省、自治区、直辖市人民政府统筹协调本行政区域内的高等教育事业，管理主要为地方培养人才和国务院授权管理的高等学校。"因此可以说，政府是国家教育职能的执行者，也是高等教育的管理者。独立学院作为高等学校的一分子，当然其管理者也是政府。但是随着高校独立法人的建立，高校办学自主权的不断扩大，政府对于学校的管理更多的是宏观管理，包括宏观上的政策导向以及借助经济、法律等多种手段的间接管理。

第3章 我国独立学院的发展历程、治理特点及现实问题

3.1 独立学院产生和发展的背景

为了适应我国高等教育快速发展的需求,1999年全国第三次教育工作会议召开之后,一些地方利用普通高校的教育资源吸引社会资金试办独立学院,拓展了我国民办教育发展的新空间。时任教育部发展规划司司长的牟阳春认为,独立学院产生是"我国高等教育新一轮发展的历史性选择"[1]。

3.1.1 国家战略要求高等教育实现新的发展

我国高等教育发展的国内外环境正在发生一系列深刻的历史性变化。面对社会经济快速发展的变化与要求,高等教育必须在发展中积极应对,适应和满足社会经济及人民群众新的需求,努力探索新的办学模式、机制,开辟新的资金来源途径,以不断提高高等教育的整体办学层次、办学质量及办学水平,使我国高等教育在服务国家、贡献社会以及满足人民群众多元化教育需求的同时,实现自身新的发展。

经过50年尤其是最近20年来的改革与探索,中国高等教育发展取得了举世瞩目的成就,连续几年的高校扩招,使我国高等教育规模实现了历史性的跨越。然而,从国际比较的视野看,我国人力资源和高等教育发展整体上依然还处于较低的水平。

2000年,我国25~64岁劳动人口中具有大学文化程度的比例仅为5%;2001年,每10万人口中大学在校生人数仅为931人;15岁以上就业人口中平均接受教育年限为8年。不仅与发达国家相差甚

---

[1] 牟阳春:《独立学院——我国高等教育新一轮发展的历史性选择》,载《教育发展研究》2004年第4期。

远，甚至还低于一些发展中国家。① 我国高等教育发展整体水平依然较低，既不能满足国家提高综合实力与国际竞争力对高层次人力资源的迫切要求，也不适应全面建设小康社会和基本实现国家现代化的需要。从老百姓希望子女接受高层次、高质量教育的需求与我国现有高等教育发展水平的反差看，本科高等教育供给不足的矛盾十分明显。2002年全国高等学校本科招生220万人，占当年全部招生人数的比例仅为40%，比1999年下降了1.2个百分点。显然，本科招生比例的下降与老百姓日益增长的高质量教育需求形成了强烈反差，本科教育供需矛盾十分突出。

3.1.2 多元模式是我国高等教育新发展的必由之路

受高校"扩招"、适龄人口变化、独生子女时代、高等教育大众化带来的入学门槛降低以及毕业生就业压力增加等一系列因素的影响，全国范围内高中阶段教育，尤其是普通高中规模扩展逐步加快，广大人民群众接受高层次及优质高等教育的期望值迅速提高，对高等教育发展提出了新的要求。

未来20年尤其是未来10年，我国高等教育发展的任务十分艰巨，高层次高等教育供求矛盾依然突出。然而，2002年全国高校本专科的招生数达到543万人，高校在校生总规模已突破1600万人。随着高中阶段毕业生数的逐年增长，今后若干年内，即使继续保持现有65%~70%的高考录取率，全国高校在校生规模每年平均也将需要递增100万人以上，其中本科在校生规模每年要递增50万人左右，这就要求在发展大众化本科教育方面探索新的路径和模式。

我国普通高等教育发展已达到历史上的最大规模，本专科招生人数2002年比1999年扩招前净增加860多万人。如此大规模的扩招，使全国各地均出现了万人规模的大学。大部分公办大学的潜力已经充分发挥，容量已接近饱和，部分高校甚至早已处于超负荷运行状态。根据《中国教育与人力资源问题报告》预测，2020年中国高等教育

---

① 张保庆：《树立科学的发展观 确保高等教育持续健康发展》，载《中国高等教育》2003年第10期，第8页。

发展将达到3300万人的总规模，即在现有1600万人的基础上再增加1700万人。假设本科招生保持现在40%的比例不变，届时本科生总量将比目前净增加680万人，即需要在现有本科高校的基础上，再增加680所万人本科大学，才能满足高等教育发展的实际需求。

我国民办高等教育本来具有投资主体多元、办学机制灵活、社会需求适应性强等突出优点，但受环境、投资、观念以及师资、学科建设、教学管理、招生与就业网络建设等方面的制约，虽也已经过了长时间的努力，但部分民办高校的办学质量和办学品牌客观上依然难以获得社会的普遍认同。这种状况既影响了社会力量及其资金对民办教育的投入，也制约了民办高等教育的进一步快速发展。

我国是人口大国，"穷国办大教育"的现实使我国政府承受着沉重的教育财政负担。1999年扩招以来，中央和地方政府采取了切实有效的措施，逐年加大对高等教育发展的经费投入力度，但受国民经济发展总体水平和财政投入实力的制约，高等教育财政拨款增长缓慢，很多地方生均拨款逐年下滑，对我国高等教育办学条件、办学质量的改善与提高产生了一定的负面影响。

另外，我国高等教育政府拨款占政府教育拨款的比重已达到1/4左右，远高于日本、韩国，也超出美国等世界发达国家的高等教育拨款比例。目前，作为政府主要责任的义务教育普及任务依然严峻，国家财政拨款不可能通过挤压义务教育投入来继续提高高等教育的投资比例。我国高等教育发展必须借鉴和接受国外的成功经验与教训，参照企业的多元所有制形式，建立和完善以政府为主、多渠道筹措经费的高等教育投入和办学成本分担机制，积极鼓励和探索社会团体、企事业和个人投入高校办学的新途径，为高等教育发展提供全社会的财力支撑。

从世界高等教育发展的进程看，过分依赖公办高校、过分强调政府拨款的办学与经费投资体制，难以保障高校办学质量和水平的进一步提高，尤其是进入大众化教育阶段，单纯依赖政府所提供的高等教育，根本不能解决不断激化的高等教育供需矛盾。民办高等教育尤其是高层次高水平的高校应该成为大众化高等教育的重要组成部分。即使是世界最富有、福利化程度最高的国家，也不能够提供满足不同人群多样化、个性化需求的高等教育服务。美国、日本、韩国等已建立起政府、社会、家庭共同分担办学成本的多层次、公私立共存的高等教育体系，欧洲国家也正在进行类似的改革与探索。我国高等教育已进入大众化发展阶段，精英教育阶段固有的一些理念、模式、途径等显然需要相应的创新与发展。尽快探索和采用更加开放、更加灵活的多种办学模式与发展途径，已成为我国高等教育适应新形势、满足新要求的重要选择，同时也已成为我国高等教育继续扩大办学规模、积极提高办学层次与办学质量的迫切要求和必由之路。

3.1.3 促进本科教育跨越式发展的战略选择

在采用适合我国国情的多种高等教育办学模式与途径中，试办独立学院是一种具有中国特色、富有发展活力、能够较好地适应我国高等教育现阶段发展特点的高等教育创新模式。近年来的实践证明，在我国当前的国情下，试办独立学院是高校办学机制创新与模式改革上的一项重大突破。独立学院的进一步发展既可快速改善高层次、优质普通高等教育资源的有效供给状况，又能够促进优质高等教育资源的迅速扩大，从高等教育办学规模、层次、质量和投入诸方面发挥独特的重要作用，并成为当前和今后一段时期推进我国高等教育健康发展的一个重要方面。

试办独立学院可以使公办普通高校的办学资源优势、教学传统、师资队伍与管理效率与社会资本互相结合，为这一新型高等教育机构采用民办机制、实现高起点快速发展提供强有力的支撑与保障，从而在一定程度上大大缓解高层次高等教育的供需矛盾。目前，全国有独立学院200多所，以其"独立的法人资格、独立的校园校舍、独立的教学和财务管理、独立招生和颁发文凭"，在采用民办机制面向社会实际需求灵活办学方面，已形成了明显的办学特色，积累了宝贵的经验，受到了社会和家长的普遍欢迎。

试办独立学院开辟了依托公办普通高校的智力资源和办学品牌，大量吸纳社会资本，有效增加办学投入以及在体制外迅速集聚办学资源的一个新途径。我国的现有公办高校尤其是一些研究型大学，多数拥有较好的社会声誉和较高的办学水平，但与规模发展相比，经费增长缓慢，财力状况捉襟见肘，使其进一步规模扩展受到掣制。而利用公办普通高校的智力资源试办独立学院，则能够调动社会各方面办教育的积极性，多渠道、多形式地吸引社会资金投入，在不增加和占用国家教育拨款的情况下，更快更好地扩大本科层次高等教育可利用资源。据 2003 年上半年的统计，全国独立学院的占地已达约 7 万亩、校舍面积约 876 万平方米、教学仪器设备约 12 亿元、图书约 2000 万册。

试办独立学院有利于放大公办普通高校长期积淀的智力资源优势，能够通过嫁接、辐射于民办高校，在高等教育规模迅速扩展进程中发挥重要的质量监控、保证作用。我国一大批公办普通高校有好的教学传统和教学资源，也有好的管理模式，而且教师队伍优良、确有余力。独立学院在孵化阶段能够分享公办普通高校的教育教学、管理资源和校园文化，这对于独立学院建立规范的教育教学体系、保障人才培养质量，能够产生重要的监督、保证和促进作用。

试办独立学院将为高等教育发展和高校办学注入新的竞争与活力。独立学院凭借灵活自主的办学机制、民营化的办学模式和丰富的生源基础，既能够克服公办普通高校机制不活、缺乏效率或脱离社会实际需求的一些弊端，又可以避免一般民办高校客观存在的资源配置层次低、缺乏学科发展基础的不足，在办学机制、管理和资源等方面取得一定的办学优势。这一优势无疑将对长期困扰高等教育健康发展的体制、机制及陈旧思维模式等产生巨大的冲击。

独立学院的严格管理、专业设置及人才培养的就业适应性强等办学特色，将给公办普通高校的社会适应性及人才培养模式创新带来新的促进，将有利于承担高科技创新和高层次人才培养重要职能的公办普通高校缓解招生压力、集中力量跻身于高水平研究型大学之林；独立学院的高起点发展也将在学科建设、办学条件改善和办学质量提高诸方面，为民办高等教育的进一步发展与提高带来新的推动。同时，独立学院通过提升毕业生的层次结构和就业适应能力，必将部分地缓解一些高职院校（专科）毕业生因师资水平、专业设置、办学条件等达不到要求或因培养层次低、脱离就业实际而引发的就业难问题。

世界其他国家依托公办大学，联合拥有投资能力的社会机构合作举办的独立学院,在其各自国家的高等教育发展中发挥了积极作用。例如,"印度仅有 300 余所公立大学,却附设了数千所私立性质的独立学院,对于实现 800 多万人的高等教育总规模与快速推进高等教育大众化进程起到了决定性的作用。印度的这些独立学院多由私营机构筹资建设,由公立大学提供教学计划、兼课教师、教材和教学管理,对教学质量负责监管。另外,英联邦其他国家以及英国伦敦大学、土耳其安卡拉大学下属的学院,也都采用了这种办学模式。另外,我国在 20 世纪 50 年代和 80 年代初期的两次高等教育结构、布局调整中,利用老的名牌大学资源和进行过孵化分校、新校的实践所积累的经验、教训,可为独立学院的进一步健康发展提供有益的借鉴与启迪。"①

3.2 独立学院的发展历程及治理特点

关于独立学院的起源问题,学界已有研究存在着一定分歧。有研究者认为,独立学院于 1998 年产生于江苏,例如苏州大学文正学院;有研究者认为产生于 1999 年高校"扩招"时期的浙江,例如浙江大学城市学院;另有研究者认为,"独立学院发源于 1993—1995 年的一些公立高校内部以民办机制运行的二级学院,形成规模于 1999 年高校持续扩招。"② 还有的研究认为独立学院的前身——国有二级学院产生的时间更早,是 1992 年。研究指出,天津师范大学是国有"二级学院"的先驱,该校在 1992 年就成立了民办性质的国际女子学院。创办这所学院的主要原因在于希望借机搞一块试验田,走出师范院校办非师范专业的路子。该学院依托天津师范大学的资源,实行自主招生、自主办学、自主分配,收费比一般的非师范专业高一点,学费不用上缴学校,但天津市财政人均经费给女子学院的拨款全部归天津师

---

① 牟阳春:《独立学院——我国高等教育新一轮发展的历史性选择》,载《教育发展研究》2004 年第 4 期。
② 马陆亭、范文耀:《发展独立学院的现实基础及政策探析》,载《中国高等教育》2005 年第 8 期,第 28 页。

范大学所有。①

作为一种办学模式,独立学院是从20世纪90年代末一批公办高校独特的"二级学院"演变而来的。这种所谓的二级学院,其基本模式是"学院作为'二级单位'隶属于公办高校之下(冠名、招生、文凭发放),但相对独立运行;'硬件'由社会投资者提供,'软件'(教学、管理)由公办高校负责;按培养成本的全额收取学费,学费收入除保证'二级学院'的运行外,余额按合作办学协议的约定'分成'。这种模式一经问世,迅速风靡全国。短短几年间,就涌现出几百所这种类型的办学机构"②。一直到2003年教育部颁发了《关于规范并加强普通高校以新的机制和模式试办独立学院管理的若干意见》,将这类办学机构统称为"独立学院"。

从制度分析的角度看,独立学院的诞生属于典型的诱致性制度变迁,即"在响应由制度不均衡导致的获利机会时所进行的自发性变迁"③。自2003年开始,独立学院进入新一轮的发展期,政府主动应对,由政府引入法律、政策和命令强制进行,即进入国家通过政策法令实施的强制性制度变迁时期。④ 因此,按照制度变迁的模式,以2003年4月23日颁发的《关于规范并加强普通高校以新的机制和模式试办独立学院管理的若干意见》("教育部8号文")作为分界点,将独立学院的发展历程分为两大阶段:诱致性制度变迁时期(教育部8号文颁布前)和强制性制度变迁时期(教育部8号文颁布后)。

3.2.1 诱致性制度变迁时期(教育部8号文颁布前)

1999年6月13日,中共中央、国务院发布了《关于深化教育改

---

① 张兴:《国有民办二级学院的起源与类型》,载《月当代教育论坛》2003年第9期,第91~92页。

② 冯向东:《独立学院"独立"之辩》,载《复旦教育论坛》2006年第1期,第58页。

③ [美] R. H. 科斯等:《财产权利与制度变迁——产权学派与新制度学派译文集》,刘守英等译,上海人民出版社1994年版,第374页。

④ 卢现祥:《西方新制度经济学》(修订本),中国发展出版社2003年版,第107页。

革全面推进素质教育的决定》，将我国高等教育推向了一个新的起点。1998年、1999年、2000年、2001年和2002年，全国普通高校本专科招生数分别为108.4万人、159.7万人、220.6万人、268.3万人和320.5万人。撇开1999年比1998年招生猛增47.3%不算，1999—2002年间普通高校本专科招生数平均年递增率也达26%。1998年，全国普通高校在校大学生340万人，到2002年这一数字达903万人，是1998年在校生规模的2.66倍；1998年普通和成人高校本专科在校生623万人，到2002年这一规模达1462万人，是1998年规模的2.35倍。高等教育毛入学率从1998年的9.8%跃至2002年的15%。简言之，我国只花了4年时间，就使高等教育的总规模翻了一番还转个弯，迅速迈进了大众化高等教育的门槛。①

这一跨世纪的发展不仅要归功于我国在财政上对高等教育的大力支持，同时还要归功于这一阶段的制度创新。二级学院便是这一创新下的产物。二级学院产生的重要背景是高等教育规模快速增长以及公办高校资金短缺。

3.2.1.1 高等教育的规模快速增长

经过1999年的高校扩招，各个公立高校基本上都处于超负荷运转状态，办学条件十分紧张。"2008年我国高等教育学龄人口（18～22岁）将达到峰值，为1.25亿人，比2002年净增2500万人"②，"人民群众不断增长的对教育的需求同教育供给特别是优质教育供给不足的矛盾，是现阶段教育发展面临的基本矛盾"③。而传统的民办教育受到政策环境、办学条件、师资队伍、教学管理、招生就业等各方面因素的影响，民办高校的办学质量和办学品牌客观上难以获得社会的普遍认同，无法满足人民群众接受高层次、优质教育的愿望，显

---

① 冯向东：《高等教育大众化的制度变迁与路径选择》，载《高等教育研究》2004年第3期，第30～34页。

② 李维民：《论设置民办本科院校的必要性及可行性》，载《民办教育研究》2004年第5期，第1页。

③ 参见《积极发展规范管理改革创新——访教育部部长周济》，http：//news.hrbust.edu.cn/24/2003/240716204402/.

然难以承担起高等教育大众化的重任。我国是"穷国办大教育",由于国民经济发展水平的限制,受财政投入的影响,高等教育财政拨款的增长比较缓慢,很多学校的生均经费呈逐年下降的趋势。所以,必须另辟蹊径,寻求新的解决办法。二级学院是一种新的办学模式,它依托公立普通高校发起,由普通公立高校对二级学院的教学和管理负责。公立普通高校短则数十年、长则上百年的深厚文化积淀,以及良好的办学声誉,使二级学院的社会认可程度较高。二级学院的出现与政府推进高等教育大众化的目标相契合,既减轻了政府财政负担,又放大了普通公办高校教育资源存量,同时为改革公立高校办学机制和模式提供了一种有益探索。

3.2.1.2 公办高校资金短缺

尽管1997年我国高等教育就成功实现了从免费高等教育向高等教育成本补偿制度的过渡,但我国大学生每人每年缴纳学费平均不足5000元,远远不能满足办学需要。迄今为止,我国高等教育系统依然面临着严重的经费供求矛盾。很多高校都感到自身发展受到经费不足的制约。因为资金短缺,在教学科研设施建设、师资引进、后勤服务上都举步维艰。各级教育行政部门和高校正在采用两种解决办法:一是扩大财政来源,多渠道筹措教育经费;二是提高教育资源使用效率,挖掘高等教育办学潜力。特别是第二种方式广为各高校普遍采用,如举办各种形式的助学班、进行多层次的学历教育等。二级学院的出现,为举办高校提供了解决经费危机、实现自身发展的一条途径——举办高校实现了社会效益和经济效益的双丰收:一方面壮大了自己的办学实力,另一方面提高了自身品牌等无形资产和优质教育资源等有形资产的利用率和增值率。

总之,二级学院的产生,一方面满足了高等教育规模快速增长的需要,另一方面满足了公办高校解决资金短缺问题的需要;一方面对大学教育办学机制进行了大胆探索,另一方面带动了社会资金向教育产业的集中,盘活了闲置资源,吸纳了大量生源,为我国高等教育扩大招生政策的有效实施提供了现实而不可或缺的补充。

二级学院的发起、设立带有明显的自发性,许多地方和高校对此进行了大量的尝试，形成了诸多模式和利益协调机制。在此阶段，"二级学院"的治理结构的特点如下：

（1）产权方面

从二级学院建设开始，就存在没有社会投资方参与的和有社会投资方参与的两种类型。但无论是哪种类型，举办方、投资方都是出于利益的驱动。社会投资方基于中国高等教育行业广阔的市场前景，主动通过向高等教育产业提供资金、土地、教育设施等方式与公办高校合作，以期取得合理回报的过程。而公办高校是出于解决资金短缺或是增加学校计划外收入的动机与社会投资方合作。

没有投资方参与的二级学院是作为公办高校的一个职能部门而非独立法人的形态存在的，产权结构并不明晰。这也表明了非法人形态的二级学院不享有独立的财产权。而在有社会投资方参与的二级学院，公办高校对二级学院并无有形资产投入，其投入主要表现为学校的品牌效应、教师、行政人员的人力资本以及办学经验等。换言之，该类型二级学院的产权是由投资者的实物资产和大学的无形资产共同组成的。为保护各方利益，社会投资者和公办高校一般通过签订《合作办学协议》等方式以合同的形式明确资本投资者的权利、义务和责任。诸如资产过户的豁免、融资担保责任的分离、所有权限制等制度创新，一方面避免了公办高校承担不必要的风险，另一方面也消除了社会投资者的顾虑。为保障投资者在二级学院中获得基本的收益率，《合作办学协议》一般以分红等方式赋予了资本投资者享有的获益权。

（2）决策、执行和监督方面

在诱致性制度变迁时期，主流的二级学院作为公办高校的内部机构，其本身一般并不享有决策权，二级学院在诸如招生、专业设置、学位授予、重大资产购置、融资等事项上均服从公办高校决策。而我国高校实行的是党委领导下的校长负责制。党委是学校发展的领导核心，把握着学校的办学方向。因而，这一时期，二级学院的决策机关大多为公办高校党委。

该时期，二级学院的执行权由院长行使，大部分院长由公办高校任命，因而大多数院长是隶属于公办高校的行政人员或教研人员。当然，在一些部分有社会投资方参与的二级学院中，少数具有较高社会声望、有过办学经历的投资者或投资者指定的人选也经任命担任了院长职务。这种制度安排取决于投资者与公办高校之间的博弈。

因该时期主流的二级学院不具备独立法人资格，财务不能独立，监督机制尚未得以有效建立，公办高校原有的党委、纪委等监督机制依然在二级学院中运行。

3.2.2 强制性制度变迁时期（教育部8号文颁布后）

"二级学院"这种办学模式集公立高校和社会力量的双重优势于一身，急市场之所需，走了一条高等教育的低成本高扩张的道路。但在其办学过程中出现了一些问题，这些问题源于其不是一个独立的办学实体。针对二级学院在办学过程中出现的不规范、不合法等现象，在充分调查、分析和论证的基础上，2003年4月23日，教育部颁发了《关于规范并加强普通高校以新的机制和模式试办独立学院管理的若干意见》（简称教育部8号文）。这是第一个专门针对独立学院制定的政策性文件。

该文件首先对二级学院这种办学模式给予了肯定，肯定了二级学院在保证高等教育规模的增长、扩大高等教育资源等方面起到的积极作用，在此基础上针对办学实践中的一些违规行为，为规范二级学院的发展，解决办学过程中出现的问题和矛盾，有的放矢地提出了规范意见。确定了规范后二级学院的统一称谓——"独立学院"。独立学院首次出现在官方文件中。该文件用"八独立"界定了独立学院的概念；对独立学院的办学标准、办学行为及基本要求与条件加以规范；对独立学院的专业设置也提出了指导性意见。该文件的政策目标是使独立学院更像一所真正独立的高等教育机构。

教育部在2003年6月召开了普通本科高校试办独立学院视频工作会议，并在会议上肯定了这种以新的机制和模式试办的二级学院（统称"独立学院"），认为它是中国高等教育改革与发展的重大举措。并以此为话题，为今后我国高等教育投入体制的改革以及高等教育办学局面的发展方向提出了希望。此次会议上，华中科技大学、浙江大学等单位还介绍了普通高校以新的机制和模式试办独立学院的经验。

2003年8月,教育部办公厅印发了《教育部关于对各地批准试办的独立学院进行检查清理和重新报批工作的通知》,对原有公办普通本科院校设立的以民营机制运作的二级学院启动了清理和整顿工作,对普通本科高校新设独立学院启动了规范审批工作,要求各省级教育行政部门在10月底之前对本辖区内的所有高校独立学院进行清理和重新报批。2003年下半年,按照文件要求,教育部组织力量对已办的360多所独立学院进行了审查和备案,对不规范的独立学院进行初步清理和整顿,最终确认了249所,有100多所独立学院被取消。①

2004年年初,教育部首次正式确认了148所大学试办的独立学院。

截止至2004年2月,教育部确认的各地试办独立学院的数量是148所,其中有19所独立学院是由教育部直属高校试办的;同年7月,在全国范围内,有233所独立学院经过教育部审核确认,截至同年年底,有249所独立学院经全国教育部认可。截至2006年年底,全国有独立学院318所,在校生人数超过150万人。独立学院办学规模迅速扩大,进一步缓解了高等教育的供需矛盾。②

2004年11月23日,教育部高教司发布了《教育部关于对独立学院办学条件和教学工作开展专项检查的通知》。根据通知精神,为了更好地贯彻落实教育部《关于规范并加强普通高校以新的机制和模式试办独立学院管理的若干意见》,促进独立学院持续健康发展和教育质量的不断提高,在2004年12月到2005年2月期间,教育部本科教学评估中心对目前试办的独立学院进行了分期分批的专项检查。专项检查主要针对学校的办学条件和教学工作,该检查促进了独立学院办学条件的改善,提高了办学水平,推进了独立学院的建设。

---

① 刘凤泰:《从专项检查看独立学院的生成与发展》,载《中国高等教育》2005年第17期,第6页。

② 王月霄:《我国独立学院发展历程探析》,河北大学硕士学位论文,2010年。

2005年3月22日,"进一步做好独立学院试办工作网络视频会"召开,教育部原副部长张保庆作了讲话,明确指出:"独立学院总体上是积极的、健康的,成绩是主要的,这是一个基本判断。"

2007年,全国独立学院共有318所(见图3-1),在校生共有186.62万人,占全国民办高等教育在校生总数的53.4%。

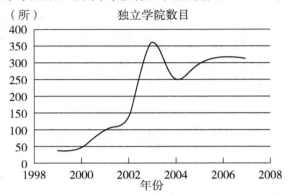

图3-1　1998—2008年我国独立学院数目示意图

在这一时期,《中华人民共和国民办教育促进法》《中华人民共和国民办教育促进法实施条例》以及《关于规范并加强普通高校以新的机制和模式试办独立学院管理的若干意见》等具有强制性的法律规范,成为独立学院发展的制度依据,但是相关的法律法规的出台和颁布并未对独立学院的法人治理结构产生很大的影响。

(1) 产权方面

在这一时期中,学校财产权的权利主体不是独立学院自身。很多独立学院在实际操作过程中没有落实相关文件的规定,导致学校存续期间的资产被侵占,没有由独立学院依法管理和使用。

据统计,截至2005年1月,在249所接受专项检查的独立学院中,30%左右的独立学院尚未具备独立法人资格,20%的独立学院没有实现财务独立,没有独立校园。① 2006年4月30日,教育部发布《教育部办公厅对普通高校、独立学院办学条件等有关问题检查情况

---

① 王文源:《规范和引导独立学院发展的新举措》,载《中国教育报》2008年4月7日。

的通报》(以下简称《通报》),《通报》指出:"2005 年度普通高校、独立学院基本办学条件和独立学院资产权属核查工作基本结束。经核查发现,部分独立学院办学条件不达标,资产未过户,个别独立学院至今仍靠租赁土地和教学行政用房办学。"《通报》还指出,有 6 所独立学院完全靠租赁土地和教学行政用房办学,有 5 所独立学院的自有土地和教学行政用房均不达标,33 所独立学院的自有土地或教学行政用房不达标,189 所独立学院的资产未过户到独立学院名下。由此可知,相当一部分独立学院使用的诸如土地使用权、建筑物等重大教学资产并未被转让到独立学院名下。

(2) 决策、执行、监督方面

这一时期,大多数独立学院依法成立了校董事会作为最高决策机关。校董事会的成员一般由公办高校和社会投资方代表组成,校董事会的职权一般由《合作办学协议》或《独立学院章程》确立。

院长一般由公办高校推荐、校董事会选任,但基本上还是由公办高校选派。笔者认为,可能是考虑到公办高校的办学经验丰富,其选派的代表能很好地应对独立学院繁重的日常管理工作。

《民办教育法》以及《关于规范并加强普通高校以新的机制和模式试办独立学院管理的若干意见》都未强调内部监督机制,且未对监督机构的设置做统一、明确的规定。而这一时期,我国的独立学院也基本上没有成立监事会,就连教职工代表大会之类的监督机构建立的也很少,相应的监督机制也很不健全。

综上所述,自从 2003 年《关于规范并加强普通高校以新的机制和模式试办独立学院管理的若干意见》发布后,新办起来的一批独立学院中,依然不乏这种"公办高校投资举办"的模式;而且在《关于规范并加强普通高校以新的机制和模式试办独立学院管理的若干意见》强调的"独立进行财务核算,具有独立法人资格"这两点上,仍有相当一批独立学院没有做到。因此,教育部于 2008 年 2 月 22 日发布了关于独立学院的另一政策性文件——《独立学院设置与管理办法》,自 2008 年 4 月 1 日起施行。

《独立学院设置与管理办法》的颁布,使独立学院法人治理结构的完善工作变得更加必须和紧迫。因为教育部将在五年内按照《普通本科学校设置暂行规定》对独立学院进行验收,验收合格的学校由教育部颁发办学许可证。独立学院需要制定过渡期五年工作计划,按照教育部《普通本科学校设置暂行规定》的要求,尽快达到本科院校设置办学标准,迎接教育部专家组的检查验收。在《独立学院设置与管理办法》颁发后,教育部公布的具有招生资格的独立学院为315所,2007年具有招生资格的318所独立学院中有3所独立学院已被停止招生资格,这给全国独立学院的发展敲响了警钟。

与2003年颁布的《关于规范并加强普通高校以新的机制和模式试办独立学院管理的若干意见》相比,2008年出台的《独立学院设置与管理办法》对独立学院的认识更加深刻、界定更加清楚、要求更加严格,在条例制定上显得更科学化、更完善化。

《独立学院设置与管理办法》明确将独立学院定性为民办高校,其运行模式按照民办教育的有关规定"公办学校参与举办"。同时,对于独立学院的概念做了重新界定,在产权方面,《独立学院设置与管理办法》对于有资格参与举办独立学院的社会组织和个人的能力和资产提出了更高的要求。这一强制性的规定适用于新办的独立学院和原有的独立学院。通过低办学能力的投资者的退出,高办学能力的投资者的进入,独立学院的办学条件、承担风险的能力得以大大提高,避免了投资者的短期行为对我国教育事业"百年大计"理念的侵蚀。

在决策机构方面,《独立学院设置与管理办法》第25条做了明确规定,独立学院的决策机构无可争议地交由董事会,不能再通过《合作办学协议》等方式确定。而且考虑到独立学院非营利性法人的本质,《独立学院设置与管理办法》还建议董事会成员应包括诸如教职工代表等利益相关者。

在执行机构方面,《独立学院设置与管理办法》第29条做了相关规定,独立学院院长的职责、院长的产生方式皆为法定,并且审批机关对独立学院院长享有核准权。

此外,针对独立学院的独立性,《独立学院设置与管理办法》也做了相关的明确规定,比如,用五年的时间独立学院逐步颁发自己的学位证书,赋予独立学院学位授予权,这是引导独立学院脱离母体,最终走向完全独立的关键一步。

综上所述，《独立学院设置与管理办法》以部门规章的形式将独立学院的设立、组织、活动、管理、监督等以法律的形式加以规范化，为我国独立学院法人治理结构的完善提供了重要的支持。

到 2009 年年底，全国共有 322 所独立学院，其本科在校生约占全国普通高校的 1/10，在江苏、浙江、湖北等省更占三分天下，成为我国大众化高等教育体系的重要组成部分。

独立学院作为我国大众化高等教育体系的重要组成部分，在目前我国独立学院面临法人治理结构不完善的情况下，更应该以《独立学院设置与管理办法》的发布为契机，找出独立学院法人治理结构的现实问题，针对现实问题予以完善，实现独立学院法人治理结构的变迁。

3.3 独立学院法人治理结构面临的现实问题

由于举办独立学院是一种创新，没有现成的经验可供借鉴。独立学院与投资方通过签订的办学协议及办学章程来相互制约。章程是约定和阐述独立主体使命，界定内部各利益关系主体责任和义务，书面写定的有法定意义的组织规程。大学章程"上承国家教育法律法规、下启学校规章制度"，是推动和规范高校面向社会依法自主办学的基本依据，是处理学校与政府、社会及其内部关系的准则，是高等教育机构在法律框架下行使自治权利的自我规范。就独立学院而言，办学章程是其法人治理结构最初设计的最好体现。

【案例一】《A 学院章程》

第一，办学宗旨："A 学院以中华人民共和国国务院关于深化教育体制改革的精神为指导，将举办高校的优质教育资源与投资方的雄厚资金结合起来，通过科学管理，创新办学机制，切实提高教育质量和办学效益，为国家政府部门、支柱产业、高新技术产业以及社会热点行业培养新型高级复合型人才。"

第二，合作条件："1. 举办高校以其校名、校誉、先进的学校管理方式等无形资产为合作条件。2. 投资方负责校园、校舍、教学设备等条件的建设和教学运行经费的投入。未来三年内，投资方注资不少于3.5亿元人民币，五年内A学院成为拥有30万平方米建筑，具有较好办学条件的高等教育机构。"

第三，权利和义务：公办高校与投资方双方依法享有下列权利："1. 参加董事会，并按各方合作条件享有表决权；2. 有权查阅董事会记录，了解A学院教学、管理、财务等状况；3. 双方员工子女就读A学院，其学费按照70%收取。"公办高校应承担的义务："1. 遵守A学院章程；2. 负责推荐A学院院长、常务副院长、副院长及有关管理人员；3. 指导A学院的教学及管理工作；4. 指导A学院开设专业、制订招生计划，协助A学院做好生源的组织发动工作；5. 审定A学院制订的专业教学计划、培养方案和发展规划；6. 负责对A学院的教学过程和教学质量进行指导和监控；7. 举办高校师资在不与举办高校教学任务冲突条件下，通过协商到A学院承担教学任务；8. 有偿向A学院提供教学所需的实验室和实验场所；9. 同意A学院学生有选择地参加学校组织的学生活动。"投资方应承担下列义务："1. 遵守A学院章程；2. 按时按本协议负责校园校舍和教学设施的建设，保证对教学运行经费的投入；3. 负责招聘组建A学院教师队伍；4. 在举办高校指导下负责A学院的教学及管理工作；5. 负责A学院毕业生的就业指导工作，如投资方对外招工时，应优先招聘专业对口的A学院毕业生。"

第四，利益分配："A学院按以下办法分配办学收益：1. A学院的资产及增值均为投资方所有；2. 举办高校按照A学院每年收取学费总额的20%提取管理费，投资方承诺A学院在每学年开学后一个月内将管理费划至举办高校账户。举办高校不参加A学院其他财产的分配，同时不承担任何债权、债务。"

第五，董事会结构："A学院实行董事会负责制。董事会为学院的决策机构。董事会由9人组成，举办高校4人，投资方5人。A学院设董事长1人，由投资方担任，设副董事长1人，由举办高校担任。""董事长是学院的法定代表人。"

第六，解散和清算："A 学院终止或者解散时，应依法对财产进行清算，清算后所有财产及债权均归投资方，债务由投资方承担。举办高校既不享受债权，也不承担债务。"

【案例二】《B 学院章程》

第一，办学宗旨："B 学院以中华人民共和国国务院关于深化教育体制改革的精神为指导，将举办高校的优质教育资源与投资方雄厚的资金结合起来，通过科学管理，创新办学机制，不断提高教育质量，为国家经济、科技和社会发展，培养新型应用型人才。"

第二，合作方式及双方权责："1. 举办高校以学校品牌、相关教学和管理资源作为合作条件，承担 B 学院教学管理责任；投资方以人民币现金和有形资产作为合作条件，负责提供 B 学院办学所需的各项条件和设施。2. 举办高校有义务对 B 学院教学实行指导监督，保证教学质量。3. 投资方在双方合作协议生效后的 15 日内向 B 学院注资 2000 万元人民币，3～5 年内注资不少于 1 亿元人民币。4. B 学院注册资本的增加、转让，应由董事会会议一致通过，并报审批机关批准后，向原登记机构办理变更登记手续。5. B 学院的校产，在本机构存续期间，归 B 学院管理使用，受国家法律保护。直接用于教育、教学的资产及其设施，不得出卖、转让或者提供担保。6. B 学院院长由举办高校委派，主持 B 学院全面工作。"

第三，董事会结构："董事会为 B 学院的决策机构组成，属学院最高决策机构，董事长由投资方担任。""董事会由 9 名董事组成，董事会 1/3 以上的董事须具有 5 年以上教育、教学经验。董事任期为四年，可以连任。""董事会董事长由投资方委派，副董事长 1 名，由举办高校委派。"

第四，利益分配："合作双方在保证 B 学院正常运行和发展所必需的资金的前提下，可从办学结余中获得合理的经济回报。"

第五，终止后的资产处理："B 学院终止后，学院的财产按下列顺序清偿：1. 退还学生的学费、杂费和其他费；2. 发放教职工的工资及应交纳的社会保险费用；3. 应支付给举办高校的管理费。"

【案例三】《C学院章程》

第一，办学宗旨："全面贯彻党的教育方针，坚持社会主义办学方向，树立'严谨、自强、求是、创新'的校风，为我国的经济建设、部队建设培养德、智、体、美、劳全面发展的专业技术人才。"

第二，合作条件："举办高校以其校名、校誉、学校管理方式和雄厚的师资力量等无形资产为合作条件。投资方提供开办经费及校园校舍、教学设备、生活设施及后勤管理作为合作条件。其中，开办经费及相应设施资产4200万元分两期到位，前期1500万元在签约后一个月内到位，余款在一年内到位。""举办高校出资1800万元（以无形资产折合），占30%；投资方以现金出资4200万元，占70%。"

第三，合作办学的权利和义务："合作双方享有以下权力：参与学院管理；委派董事；学院终止后依法取得剩余财产；修改学院章程；章程规定的其他权利。合作双方承担以下义务：遵守学院章程；依章程规定提供合作条件；学院章程规定的其他义务。"

第四，董事会结构："C学院实行董事会负责制。董事会为学院的决策机构。董事会由5人组成，成员人数按出资比例委派，其中，投资方董事长1人，董事2人；举办高校副董事长1人，董事1人。"

第五，收益分配："学院可分配办学收益按以下办法分配：1. 学院的资产及增值均归投资方所有；2. 举办高校按每年的实际学费总额的20%提取，学院须在每学年开学后一个月内划出。举办高校不参加其他财产的分配，同时也不承担风险和损失；3. 学院必须在支付举办高校提成及留足人员、教学、管理经费和发展资金等项经费后，有余额部分，方能提取收益；4. 双方员工子女就读C学院，其学费按70%收取。"

第六，解散和清算："学院终止或者解散时，应依法对财产进行清算，清算后所有财产及债权均归投资方，债务由投资方承担。举办高校既不享受债权，也不承担债务。"

【案例四】《D学院章程》

第一，办学宗旨："坚持党的基本路线，坚持社会主义办学方向，全面贯彻党的教育方针，坚持依法治院，不断提高人才培养质量，积极为国家和地方经济建设、社会发展服务。"

第二，双方的权利义务："根据申请方和合作方联合举办学院的协议约定，举办高校对学院的教学和管理负责，并保证办学质量；要充分发挥举办高校的智力、人才资源优势，切实加强学院的教师队伍和管理队伍建设；建立并不断完善学院教学水平的监测、评估体系。投资方负责提供学院办学所需的各项条件和设备，参与学院管理、监督和领导。学院建设、发展所需经费及其他相关支出，均由投资方承担或以民办机制筹措解决。"

第三，利益分配："从2004年9月新生入学起，建校前四年，学院每年向举办高校缴纳其向教育行政主管部门争取招生指标中学生学费收入总额的20%，以后逐年增加到25%，并于当年12月1日前交至举办高校，此外的学费收入由投资方自行管理。除此之外，举办高校不向投资方收取其他费用。"

第四，解散与清算："学院的变更或解散、撤销，依据国家有关法律和政策、规定及双方联合办学的协议处置。"

第五，资产管理："学院学费收入主要用于办学和投资方投资的合理回报。"

【案例五】《E学院章程》

第一，办学宗旨："坚持社会主义办学方向，全面贯彻国家的办学方针，遵循教育规律，确保教育质量，培养高素质的专门人才，为我国改革开放和现代化事业做出贡献。"

第二，合作办学条件："举办高校以其校名、校誉、教育教学管理经验等无形资产作为合作条件。投资方以现有的552.5亩土地，51000平方米的教学、管理、生活建筑物，教学设备图书资料约1亿资产及后勤管理服务为合作条件,并在未来3年内注资不少于2亿元人民币。"

第三,合作办学的权利和义务:合作双方享有以下权利:"参与学院管理;审定办学方针、专业设置、招生规模和教学计划;委派董事;在双方一致同意的前提下,修改学院章程;章程规定的其他权利。"合作双方承担以下义务:"遵守学院章程;依章程规定提供合作条件;章程规定的其他义务。"

第四,董事会结构:"董事会为学院的决策机构。董事会由7人组成,其中投资方董事长1人、董事3人;举办高校副董事长1人、董事2人。董事长是学院的法定代表人。"

第五,收益分配:"学院办学收益按以下办法分配:①学院的有形资产及增值均归投资方所有;②举办高校每年按学生学费的5%收取管理费;学院须在每年开学后一个月内将举办高校收益款划入举办高校指定账户。举办高校不参加其他有形资产的分配,也不承担由此产生的责任和风险。③学院在支付举办高校费用,以及留足人员、教学、管理经费和发展经费后,投资方收益按《民办教育促进法》的实施细则和有关规定办理。提取收益的时间一般在每年的5—7月份,但必须经董事会通过后进行。"

第六,解散和清算:"学院按照《中华人民共和国教育法》规定的程序,在必要时向举办高校和国家教育行政部门呈报,经教育行政部门批准,才能终止和解散。在此之前,任何一方不得违反办学协议和本章程,否则将依法追究其责任。""学院终止和解散时的资产处理准则:①还学院债务;②处理员工、学生的遗留问题;③由董事会指定其他资产处理办法。"

从以上案例中,我们可以分析出,我国独立学院最初的制度设计存在以下特点:

3.3.1 治理目标凸显了资本的逐利性

首先,虽然案例中各独立学院的办学宗旨都是秉承教育的公益性,为我国社会主义事业培养人才,但是从举办高校与投资方将各自利益的分配写入办学章程可知,他们对各自利益分配十分关注。因此可以说，举办高校与投资方更为关注的是如何进行利益的分配，而忽视了教育的公益性。案例中，"A学院的资产及增值均为投资方所有；举办高校按照A学院每年收取学费总额的20%提取管理费"，解散和清算时，"A学院终止或者解散时，应依法对财产进行清算，清算后所有财产及债权均归投资方，债务由投资方承担。举办高校既不享受债权，也不承担债务"。C学院，其"学院的资产及增值均归投资方所有；举办高校按每年的实际学费总额的20%提取"，"学院终止或者解散时，清算后所有财产及债权均归投资方，债务由投资方承担。举办高校既不享受债权，也不承担债务"。D学院中，除学院每年向举办高校缴纳管理费，"此外的学费收入由投资方自行管理。除此之外，举办高校不向投资方收取其他费用"。E学院，"学院的有形资产及增值均归投资方所有；举办高校每年按学生学费的5%收取管理费"。此类的办学协议规章都忽略了一个事实：无论捐资或投资，公办高校与投资方举办独立学院是属于教育事业，他们所投入的资产应当全部作为独立学院的发展经费。办一所大学，只有不断增加教育的投入才能越办越好。如果办教育事业考虑的只是如何获利，那么教育的公益性何在？

其次，在独立学院创立初期，存在一所大学举办多所独立学院，一个投资方投资多所独立学院的现象。按照学校章程的规定，一所大学举办多所独立学院，公办大学能够收取更多固定的管理费，投资方能够获得各自的利益所求，双方满足了各自的利益追求；一个投资方投资多所独立学院，投资方能够获得更多收益，更表明其对投资独立学院的利益追求。试想，如投资独立学院无利可图，仅仅只是为了办公益事业，那么公办高校与投资方还会热衷于举办或投资独立学院吗？这一现象更加表明，公办高校与投资方举办独立学院的动机是寻求各自的利益，而不是教育的公益性。

总之，最初的制度设计中，独立学院法人治理目标是朝着寻求各自利益分配的方向，这不利于独立学院的可持续发展，更不利于我国高等教育事业的发展。

3.3.2 产权机制设计不合理

首先，对于合作办学条件，案例中基本都是模糊界定的。A 学院，"举办高校以其校名、校誉、先进的学校管理方式等无形资产为合作条件。投资方负责校园、校舍、教学设备等条件的建设和教学运行经费的投入。未来三年内，投资方注资不少于 3.5 亿元人民币"。B 学院"举办高校以学校品牌、相关教学和管理资源作为合作条件，承担 B 学院教学管理责任；投资方以人民币现金和有形资产作为合作条件，负责提供 B 学院办学所需的各项条件和设施"。E 学院，"举办高校以其校名、校誉、教育教学管理经验等无形资产作为合作条件。投资方以现有的 552.5 亩土地，51000 平方米的教学、管理、生活建筑物，教学设备、图书资料约 1 亿元资产及后勤管理服务为合作条件，并在未来 3 年内注资不少于 2 亿元人民币。"这些对于合作双方投入的模糊界定不利于独立学院的产权明晰。而只有 C 学院对于双方的投资比例做了明确的规定："举办高校以无形资产出资 1800 万元，占 30%；投资方以现金出资 4200 万元，占 70%。"但是这样的比例分配依据何在？难道，举办高校的无形资产评估仅仅是 1800 万元？或者说举办高校仅将其无形资产的一部分投入到独立学院？这样的股权分配与其后的利益分配"公办高校按每年实际学费总额的 20% 提取，学院的资产及增值均归投资方所有"又是相互矛盾的。

其次，针对办学收益的分配，案例中描述基本明确，除 B 学院描述比较模糊外，如："合作双方在保证 B 学院正常运行和发展所必需的资金的前提下，可从办学结余中获得合理的经济回报。"其他几所独立学院相对比较明确，如 A 学院，"A 学院的资产及增值均为投资方所有；举办高校按照 A 学院每年收取学费总额的 20% 提取管理费"；C 学院，"学院的资产及增值均归投资方所有；举办高校按每年实际学费总额的 20% 提取"；D 学院，"学院每年向举办高校缴纳其向教育行政主管部门争取招生指标中学生学费收入总额的 20%，以后逐年增加到 25%，并于当年 12 月 1 日前交至举办高校，此外的学费收入由投资方自行管理。除此之外，举办高校不向投资方收取其他费用"；E 学院，"学院的有形资产及增值均归投资方所有；举办高校每年按学生学费的 5% 收取管理费"。我们不禁要问，公办高校拥有学费收入的百分比依据是什么呢？为什么各个学校的比例有所不同？此外，类似"学院的资产及增值均归投资方所有""此外的学费收入由投资方自行管理"这样的说法都是不合理的，也是没有相应的法律依据作为根据的。公办高校及投资方作为学校的出资者，并不是学校资产的所有者，不应当按照案例中的分配方式分配。独立学院的资产及增值应当都属于独立学院。

总之，在最初的制度设计中，举办高校所提供的无形资产如何核定其价值？举办高校与投资方投入到独立学院的资产的产权性质如何界定，是仍然归原所有者所有，还是转变为独立学院的"法人财产权"，为独立学院法人所有？投资方的资产如何过渡到独立学院名下成为独立学院资产？举办高校投入的无形资产与投资方投入的有形资产如何量化成独立学院的总资本？上述这些问题都没有明确。产权配置结构对治理结构有决定作用，而产权机制的不合理将会导致治理结构的不合理。

3.3.3 独立学院独立法人地位不明确

《高等教育法》从高等教育体制的角度界定了高等教育的举办者、管理者和办学者，其中，办学者就是高等学校自身。而在上述案例中，这一点并没有体现出来。如 A 学院中，公办高校应承担的义务涉及 9 项，投资方承担的义务涉及 5 项，而这些基本都属于办学者应承担的义务。又如 B 学院，公办高校"承担 B 学院教学管理责任""举办高校有义务对 B 学院教学实行指导监督，保证教学质量""B 学院院长由举办高校委派，主持学院全面工作"。C 学院，"合作双方享有以下权力：参与学院管理委派董事；学院终止后依法取得剩余财产；修改学院章程；章程规定的其他权利"。E 学院，合作双方享有以下权力："参与学院管理；审定办学方针、专业设置、招生规模和教学计划；委派董事；在双方一致同意的前提下，修改学院章程；章程规定的其他权利"。可以看出，合作双方即公办高校与投资方分工明确，职责清晰。但是，公办高校似乎直接参与了独立学院的办学，甚至投资方也参与了，而作为独立学院这一真正的办学者却没有相应的说明和体现。如果公办高校或投资方是独立学院的办学者，独立学院自身作为办学者的法律地位和权利责任又如何得以确立和确认呢？公办高校作为独立学院无形资产的出资者，投资方作为独立学院有形资产的出资者，都是属于独立学院的举办者。而独立学院的办学者就是独立学院自身。

总之，最初的制度设计只是谈及了公办高校与投资方双方，而忽视了独立学院这样一个重要的独立办学实体。独立学院作为独立法人，作为一个办学实体，它和公办高校及投资方的关系是怎样的？三者究竟处在什么位置上？这些问题同样没有相应解决。独立学院拥有真正的独立办学权是独立的根基，也是独立学院法人治理结构完善的首要前提，而这一点在最初的制度设计中并没有明确。

第4章 广东省独立学院的产生、发展及治理

4.1 广东省独立学院产生的背景

1998年,教育部开始进行大规模的高校扩招,独立学院这种新型的办学模式应运而生。江苏、浙江等沿海城市成为这种新机制的试点省份。在短短几年的时间内,独立学院在全国范围内迅速发展起来。截止到2010年3月,全国独立学院达到322所,在校生人数214.8万人。广东省从1999年开始试办独立学院,截止到2010年,广东独立学院达17所,在校生人数达到十几万人,是广东省本科教育的重要组成部分[①]。那么,在短短十余年的时间内,独立学院是如何迅速发展起来的呢?本章将从全国和广东省两个维度来进行详细分析。

(1) 从全国来说,市场经济体制的改革与发展促进了高等教育体制的不断改革与探索

我国经济体制从过去的公有制单一结构向多元化转变,这一改变促使我国高等教育也开始改变过去与经济体制相符合的政府集权管理的模式,开始扩大自主权;而且在高等教育发展过程中,公办高校容量有限,民办高校却又发展缓慢,这一问题更加强了高等教育体制改革创新的必要性;高等教育大众化的进一步加速,使人民大众对高等教育的需求也持续增加。虽然我国高校扩招人数每年增加,但普通高等教育本科容量有限,这与人民期望得到本科层次的教育形成了矛盾,使得扩招后的高等教育也无法满足人民大众对普通本科教育的渴求。但我国高校资源紧缺,无法实现进一步扩招,这就需要新的本科层次的高等教育机制来满足人民对本科教育的渴求。高等教育继续扩招,给我国高等教育的实施带来了各方面的困难,一方面,扩招降低

---

① 本段数据来源于《2010广东社会统计年鉴》。

了进入高校学习的门槛，生源质量急剧下降；另一方面，教育经费的投入没有随着扩招大幅度提高，甚至出现下滑现象。

独立学院正是在这种背景下应运而生，这种新的高等教育办学机制在某些方面可以缓解这些矛盾，广东省的独立学院也不例外。

（2）独立学院的产生顺应了广东省对优质高等教育的需求

作为我国第一经济强省的广东，由于经济的迅速发展，急需要大量人才，特别是综合性的新型人才，但普通本科和高职都无法满足，因为前者注重培养理论型人才，后者则注重培养偏技术型人才，独立学院的出现正好解决了这一大问题。因为独立学院这种新型的高等教育机制正好融合了普通本科高校与高职院校的互补点，其本科教育层次的定位，以及各投资方、举办方的硬软件资源的支撑，能够较好地承担社会经济发展所需的新型人才的培养；广东省的民办教育发展在全国来说态势较好，经过这些年的发展，已经逐渐形成了包括职业教育、基础教育、学前教育、成人教育以及高等教育在内的民办教育体系。教育部原部长周济曾说："在制度创新上，独立学院要突出一个'民'字。独立学院应该是一个民办机制的学校，由普通高校和社会力量合作举办，不是原来意义上的公办学校；独立学院不靠政府投入，其投入主要是合作方承担或者以民办机制共同筹措，收费也是按照国家有关民办高校招生收费政策制定。"①独立学院按照民营机制来运行发展，因此许多方面可以借鉴民办高校的运行经验。广东省民办高校的良好发展为独立学院的产生与健康发展都提供了较好的条件。

4.1.1　市场经济体制下高等教育体制改革不断深化

长期以来，我国经济领域的制度改革对高等教育的体制改革都起到明显的促进作用。例如，我国的国企改革，从 20 世纪 70 年代的放权让利到 90 年代的深化的产权，其本质就是引进市场机制，改变公有制单一结构的多元化改革。我国的经济结构在不断地改革实践中发生了较大改变。长期以来，我国高等教育机制采取的是与我国经济体

---

① 周济：《促进高校独立学院持续健康快速发展》，载《教育发展研究》2003 年第 8 期。

制相符合的政府集权管理的模式，即高等学校的发展受制于政府。这种机制虽然有利于进行宏观调控，但是却无益于发挥高等学校的主要功能。事实上，高等教育体制改革与市场经济体制的改革有着一定的相似性，都是以扩大自主权为改革目的。因此，我国经济体制多元化的发展给高等教育办学体制多样化提供了较好的借鉴作用。另外，我国高等教育发展过程中，呈现出公办高校办学容量有限，民办高校又发展较缓慢的问题，这也进一步加强了高等教育体制改革新探索的必要性。

1993年《中国教育改革和发展纲要》提出"建立与社会主义市场经济相适应的教育体制"，强调简政放权；1997年"十五大"要求"优化教育结构，加快高等教育体制改革的步伐，提高教育质量和办学效益"；1998年通过的《高等教育法》规定"采取多种形式积极发展高等教育事业"，多元化办学为法律正式承认并提倡[①]。1999年6月，第三次全国教育会议召开，并发表了《关于深化教育体制改革全面推进素质教育的决定》纲领性文件。

总之，全国高等教育体制改革势在必行，从某种意义上来说，独立学院的产生是"公有制为主体，多种经济成分共同发展方针"在高等教育领域的大胆尝试，是高等教育体制深入改革的必然产物。

4.1.2 大众对高等教育的需求持续增长促使高等教育大众化步伐加快

1999年，为了切实实施科教兴国战略，提高全民族整体素质，国家做出高等教育扩招的重大决策。《中共中央国务院关于深化教育改革全面推进素质教育的决定》提出：扩大高等教育的规模，"通过多种形式积极发展高等教育，到2010年，我国同龄人口的高等教育入学率要从现在的百分之九提高到百分之十五左右"[②]。据相关统计，

---

① 刘邦明：《浙江省独立学院发展问题与对策的个案研究——以浙江Z学院为例》，华东师范大学出版社2007年版。

② 参见1999年第三次全国教育工作会议《中共中央国务院关于深化教育改革全面推进素质教育的决定》。

自扩招政策实施以来，1999年全国普通高校本专科招生160万人，较1998年增长51万人；2000年普通本专科招生220万人，较1999年增长60万人。在2001年颁布的《全国教育事业第十个五年计划》明确指出，我国将提前五年时间实现原计划，即2005年高等教育毛入学率就将达到15%①。

广东省地处沿海发达地区，其高等教育规模以及高等教育质量一直处于全国前列。广东省一直都很重视教育，尤其是随着经济的快速发展，该省对教育的投入更加大了。1999年高校扩招以来，广东省普通高校在校生人数急剧增加（见表4-1）。1999年，广东省普通高校50所，招生人数9.4万人。1999—2003年间，广东省普通高校招生人数平均每年增加3.7万人（见表4-2）。然而，广东省普通高等教育本科容量有限，这与人民大众期望得到本科层次教育形成了矛盾，使得扩招后广东省高等教育无法满足广东人民对普通本科教育的渴求。此外，大幅度扩招使得广东省许多高校资源紧缺，无法实现进一步扩招，这就需要一种新的本科层次的高等教育机制来满足人民对本科教育的渴求。独立学院本身的性质就注定了它能适应人民的本科教育需求。广东省从1999年开始试办二级学院，截止到2008年年底，广东省普通高校在校生121.6万人，独立学院在校生15.5万人，占全省普通高校在校生数的12.7%②。经过这么多年的发展，事实证明，广东省的独立学院对广东高等教育的发展做出了很大的贡献。

表4-1　1999—2009年广东省普通高校数目以及在校生与招生人数统计表（万人）

年份	普通高校数	招生人数	比上年增加	在校生数	比上年增加
1999	50	9.4	/	22.9	/
2000	52	12.1	2.7	29.9	7.0
2001	62	13.9	1.8	38.1	8.2

---

① 李功林：《"名校+政府"型独立学院发展战略研究》，电子科技大学硕士学位论文，2009年。

② 本部分数据来源于《2009广东社会统计年鉴》。

（续上表）

年份	普通高校数	招生人数	比上年增加	在校生数	比上年增加
2002	71	17.6	3.7	46.8	8.7
2003	77	22.6	5.0	58.7	11.9
2004	94	26.5	3.9	72.6	13.9
2005	102	30.7	4.2	87.5	14.9
2006	105	34.4	3.7	100.9	12.4
2007	109	35.5	1.1	111.9	11.0
2008	125	39.1	3.6	121.6	9.7
2009	129	43.9	4.8	133.4	11.8

注：该表数据来源于《2010广东统计年鉴》。

表4-2 1999—2009年广东省普通高校招生数与高中毕业生数统计表（万人）

项目	1999年	2000年	2001年	2002年	2003年	2004年	2005年	2006年	2007年	2008年
普通高校招生数	9.4	12.1	13.9	17.6	22.6	26.5	30.7	34.4	35.5	39.1
高中毕业生数	16.5	18.2	20.6	22.8	27.5	31.8	37.4	42.9	47.9	53.4

注：该表数据来源于《2009广东统计年鉴》。

4.1.3 高等教育持续扩招给普通高校带来了较大压力

我国高等教育扩招政策在很大程度上满足了人民大众对高等教育的需求，促进了全国各地高校的快速发展，然而，高等教育的持续扩招也给全国各省份普通高等教育的实施带来了一些阻碍。就广东省而言，最主要的阻碍有以下几点：

（1）降低了生源质量及有碍于师资队伍建设

高等教育大众化政策降低了生源质量，也使师资队伍建设受到了严重阻碍。自1999年高校扩招以来，广东省内高校在校生人数急剧增长，使得大多数想接受高等教育的学生能如愿以偿。然而，实际上，高校扩招降低了进入高等学校学习的门槛，使得高校生源质量急剧下降。同时，随着学生人数的猛增，各个高校生师比也极不协调，师资队伍建设受到严重阻碍。

（2）致高校生均教育经费下滑

广东省高校自1999年扩招以来，在校生人数急剧上涨，但是省内教育经费投入却没有与之相应的提高，像普通高校的生均教育经费和生均预算内教育经费基本没有提高，甚至在有些年份出现下滑现象（见表4-3）。

表4-3 广东省普通高校2000—2009年在校生数、生均教育经费以及生均预算内教育经费统计

年份	2000	2001	2002	2003	2004	2005	2006	2007	2008	2009
普通高校在校生数（万人）	29.9	38.2	46.8	58.8	72.7	87.5	100.9	111.9	121.6	133.4
普通高校生均教育经费（万元）	1.73	1.96	2.15	2.19	2.50	2.26	1.98	2.11	2.78	2.44
普通高校生均预算内教育经费（万元）	1.18	1.26	1.15	1.40	1.46	1.13	0.93	1.10	1.21	1.46

注：该表数据来源于《中国教育经费统计年鉴》。

综上所述，高等教育持续扩招给广东省高等教育的实施带来的生源质量下降、师资队伍建设受阻，以及高等教育经费严重不足的这些问题，已严重阻碍广东省高等教育的发展。如何解决好这些问题与广东省高等教育又好又快发展的矛盾呢？只有通过寻求一种新的高等教育办学机制才能缓解这些矛盾。这种新机制本科层次的办学定位也可以为广东省本科教育有效分流，这样既不会影响到原有普通本科高校生源质量和师资力量，又可以适应高等教育大众化带来的教育需求。这种新机制在不需要国家和政府投入太多经费的同时，更能有效地吸纳社会力量来办学，更可以保证扩招的顺利进行，十分有效地缓解了

当前广东省甚至全国各地高等教育经费不足的问题。

4.1.4 广东省经济的快速发展加大了对人才的需求

自改革开放以来，广东省逐渐发展壮大为我国第一经济强省。广东省是一个以第三产业和制造业为主的省份，在不断地发展壮大中，它逐渐居于中国第一经济大省的位置，并在许多经济指标上都居于全国首位。该省国内生产总值（GDP）连续20多年稳居全国第一。尤其是近几年来发展尤为迅速，如2008年广东省国内生产总值突破35696亿元，2009年达到39482亿元，且人均GDP超过40000元（参见表4-4）。

表4-4 2000—2009年广东省经济发展相关情况表

年份	地区生产总值（亿元）	人均GDP（元）	人均消费支出（元）
2000年	9250.68	12736	9761.57
2001年	10741.25	13852	10415.19
2002年	12039.25	15365	11137.20
2003年	15844.64	17798	12380.40
2004年	18864.62	20876	13627.65
2005年	22366.54	24438	14769.94
2006年	26159.52	28284	16015.58
2007年	31084.40	33151	17699.30
2008年	35696.46	37589	19732.86
2009年	39482.56	41161	21574.72

注：图表根据《2010广东统计年鉴》数据绘制。

在这样一个经济实力雄厚，并且发展迅猛的特殊省情下，广东省对新型人才有着极大需求。在独立学院出现的前几年里，该省普通本科注重培养偏理论型的人才，而高职院校注重培养偏技术型的人才，这两者都无法适应经济快速发展对综合型的新型人才的需求。事实证明，只有这种理论与技能一体发展的新型人才能较好地适应广东省经济快速发展的需要。那么，通过怎样的途径培养出大批的新型人才？通常可以通过将现有的普通本科高校改造成培养应用型人才的本科高校，或者将现有的高职院校提升为技术型的本科院校这两种途径来实现。然而，这只是理想的做法，实际上并不可行。如：普通本科高校在日积月累的办学过程中，其培养学术型人才的培养目标已经根深蒂固，较难改变。要想把普通本科高校改造成培养技术型人才的高校，基本无法实现。而广东省的高职院校，在近些年来虽然整体办学实力有了很大的提高，但是高职院校本身的办学条件以及办学规模各方面还无法达到本科教育的要求。所以，对高职院校进行改革这个办法也是不可行的。因此，要想适应广东省经济快速发展对人才的需求，就急需一种全新的高等教育机制来培养这种既熟悉理论又熟练技术的新型人才。而独立学院这种新型的高等教育机制正好融合了普通本科高校与高职院校的互补点。其本科教育层次的定位，以及各投资方、举办方的硬软件资源的支撑，正好能够较好地承担经济发展所需的新型人才的培养。

4.1.5 民办教育发展态势较好，为独立学院的产生与发展提供了条件

广东省经济发达，地域优势明显，该省民办教育经过这些年的发展，已经逐渐形成了包括职业教育、基础教育、学前教育、成人教育以及高等教育在内的民办教育体系。广东省民办教育很好地利用了该省经济发达的优势，近年来蓬勃发展。2000年年底，广东省各级民办学校为4032所，在校生68万人；截止到2009年，各级民办学校发展到9835所，在校生达到400万人，其中，民办高校47所，占广东省普通高校总数的36.43%；在校生37.19万人，占全省本专科在校生总数的27.88%[①]。由此可见，广东省民办教育已成长为广东教育不可或缺的力量。

"这十年是我省民办教育跨越式发展的最好时期。从规模来说，据不完全统计，我省民办教育机构有10000余家，为政府提供了数量可观的各级各类的学位数。其中，民办高校就有近50所，在校生已达到30多万人，占全省高校在校生1/4强。从国家经营学或政府经

---

① 李珍：《民办教育大发展，撑起广东教育"半边天"》，载《信息时报》2012年11月28日。

营学的角度看，仅此一项，就给公共财政节省了少说有几百亿元的开支。从办学质量和社会效益而言，十年来涌现了许多办学实力强、社会信誉好、特色鲜明、质量稳定的学校。越来越多的民办院（园）校和培训机构获得了社会的信赖和好评。"①"在制度创新上，独立学院要突出一个'民'字。独立学院应该是一个民办机制的学校，由普通高校和社会力量合作举办，不是原来意义上的公办学校；独立学院不靠政府投入，其投入主要是合作方承担或者以民办机制共同筹措，收费也是按照国家有关民办高校招生收费政策制定。"②

独立学院按照民营机制来运行发展，因此许多方面可以借鉴民办高校的运行。广东省民办高校发展较好，为广东独立学院的产生与健康发展都提供了较好的条件。

4.2 广东省独立学院的发展历程

我国独立学院的产生与发展主要经历了从独立学院的前身——二级学院阶段到独立学院规范发展的阶段。独立学院的发展历程，正是我国为推进高等教育大众化而对高等教育体制进行改革的逐渐深入过程的真实反映。

广东省是我国较早创办二级学院的省份之一。1998年，广东省内首家普通高校与企业合作共同创办的二级学院——华南师范大学增城学院成立。它是由华南师范大学与香港康大发展有限公司合作举办的。广东省教育厅2001年5月下达《普通高等学校与社会力量合作举办二级学院的暂行规定》，该规定指出利用普通高校的优质资源带动一些条件不足的民办高校，等发展成熟再使之独立。此后，广东省许多公办高校相继举办多所二级学院，如2001年成立的有广东工业大学华立学院、广东技术师范学院天河学院，2002年又有北京师范

---

① 李珍：《民办教育大发展，撑起广东教育"半边天"》，载《信息时报》2012年11月28日。

② 周济：《促进高校独立学院持续健康快速发展》，载《教育发展研究》2003年第8期。

大学珠海分校、电子科技大学中山学院、广州大学华软软件学院这三所独立学院成立。2003年教育部《关于规范并加强普通高校以新的机制和模式试办独立学院管理的若干意见》颁布以后，广东省独立学院走上健康发展的道路，截止到2006年年底，广东省共创办独立学院17所。广东省独立学院从1998年开始以二级学院的形式起步发展。广东省第一所正式以独立学院形式存在的是2002年3月成立的北京师范大学珠海分校。2004年4月以前成立的独立学院只有北京师范大学珠海分校和电子科技大学中山学院两所。截止到2004年7月，广东省独立学院达到9所，在此后较长一段时期内独立学院数量一直处于稳定的状态，2004—2006年为发展高峰期。2006年12月，广东省独立学院达到17所（具体见表4-5所示）。2006年以后，广东省独立学院一直处于稳步发展阶段，直至2010年仍然维持17所独立学院的发展态势。

表4-5 广东各独立学院成立时间及所在地统计

学校名称	所在地	成立时间
北京师范大学珠海分校	珠海	2002年3月
电子科技大学中山学院	中山	2002年10月
北京理工大学珠海学院	珠海	2004年5月
吉林大学珠海学院	珠海	2004年5月
华南师范大学增城学院	广州增城	2004年10月
广东工业大学华立学院	广州增城	2004年5月
广州大学松田学院	广州增城	2004年5月
东莞理工大学城市学院	东莞	2004年6月
中山大学新华学院	广州天河区	2005年9月
中山大学南方学院	广州从化区	2006年4月
华南理工大学汽车学院	广州花都区	2006年4月
华南农业大学珠江学院	广州从化	2006年3月
广东外语外贸大学南国商学院	广州白云区	2006年4月
广东海洋大学寸金学院	湛江	2006年4月
广东技术师范学院天河学院	广州白云区	2006年9月
广州大学华软软件学院	广州从化	2006年9月
广东商学院华商学院	广州增城	2006年4月

4.3 广东省独立学院发展状况

4.3.1 广东省独立学院发展规模

广东省独立学院起步较早,发展也较快。该省独立学院最早始于 20 世纪 90 年代末期,第一所二级学院为 1998 年成立的华南师范大学增城学院。自 2003 年教育部《关于规范并加强普通高校以新的机制和模式试办独立学院管理的若干意见》颁布后,全国独立学院正式走上历史舞台。教育部依据该文件的规定对之前成立的二级学院进行整顿与清查后,截止到 2004 年 4 月,广东省新制独立学院为 2 所,分别是北京师范大学珠海分校和电子科技大学中山学院。同年 7 月,广东省独立学院发展到 9 所。截止到 2006 年年底,广东省独立学院数量发展到近年来最顶峰,达到 17 所,在校生数将近 19 万人。这 17 所独立学院具体分布情况为:广州 11 所,珠海 3 所,中山、东莞和湛江各 1 所。具体情况如表 4-5 所示。

4.3.2 广东省独立学院办学模式

根据广东省 17 所独立学院投资方和办学筹资渠道的不同,可知广东省独立学院主要有以下几种办学模式。

第一种模式是地方政府与普通高校合作举办,也就是说独立学院的举办方主要是其母体高校和地方政府。以这种模式设立的独立学院,其教学管理主要由母体高校来负责,在办学过程中举办高校会从母体高校抽调领导或教授来担任新成立独立学院的领导,也会从母体高校中抽调一部分教师来负责独立学院的教学。而独立学院中一些硬件方面的设施,如土地、资金等则由地方政府来负责。一般来说,这种高校与政府合作举办的独立学院都能办得比较成功。例如北京师范大学珠海分校是由北京师范大学与珠海市人民政府共同举办的。母体高校与珠海市人民政府各司其职,由珠海市人民政府以无偿划拨 5000 亩教育用地给北京师范大学使用,北京师范大学投入教学和管理方面的人才,且该学院董事会成员是经珠海市人民政府同意,主要由北京师范大学和珠海市人民政府各派代表共同组成。

第二种模式是高校、地方政府与企业合作办学，也就是说由普通高校、地方政府与企业共同负责合作举办独立学院。一般来说，这种模式设立的独立学院的特点是普通高校投入师资、教学管理、品牌等无形资产，地方政府主要投入土地、资金或者法规支撑等，而投资企业则主要投入资金来进行校园硬件建设、后勤服务等。例如，吉林大学珠海学院是由吉林大学、珠海市华政教育投资有限公司以及珠海市人民政府共同举办的。吉林大学主要投入师资、管理等无形资产，地方政府无偿划拨土地，而珠海市华政教育投资有限公司主要投入资金进行校园硬件建设。

第三种模式是高校与企业合作办学，即普通高校与企业共同投资举办独立学院。此种模式是广东省17所独立学院中最常见的一种模式。普通高校与企业签订协议，明确各自的义务以及应该享有的权利。一般来说，普通高校主要投入师资、管理等无形资产，负责学院教学管理方面的发展与建设；而企业一般投入资金进行硬件建设。此种模式的独立学院董事会成员由普通高校和企业各抽调出合适的人选来组成，院长一般由普通高校推选，负责学院的工作。例如广州大学松田学院是由广州大学与松田实业有限公司共同举办的。举办高校与合作企业各自负责，认真履行各自义务，董事会成员既有松田实业有限公司的代表，也有普通高校的代表。具体情况见表4-6。

表4-6　广东省独立学院办学模式统计表

办学模式	学校名称	举办高校	合作方
"普通高校+政府"型（2所）	北京师范大学珠海分校	北京师范大学	珠海市人民政府
	电子科技大学中山学院	电子科技大学	中山市人民政府
"普通高校+政府+企业"型（2所）	吉林大学珠海学院	吉林大学	珠海市人民政府、珠海市华政教育投资有限公司
	北京理工大学珠海学院	北京理工大学	珠海市人民政府、深圳光大策略投资有限公司

(续上表)

办学模式	学校名称	举办高校	合作方
"普通高校+企业"型（13所）	华南师范大学增城学院	华南师范大学	广州康大科技产业有限公司
	广东工业大学华立学院	广东工业大学	广州华立投资有限公司
	广州大学松田学院	广州大学	松田实业有限公司
	东莞理工大学城市学院	东莞理工大学	广东鸿发投资集团
	中山大学新华学院	中山大学	广东东宝集团
	中山大学南方学院	中山大学	广东珠江投资控股集团有限公司
	华南理工大学汽车学院	华南理工大学	云峰集团
	华南农业大学珠江学院	华南农业大学	广州华鹰文化传播有限公司
	广东外语外贸大学南国商学院	广东外语外贸大学	广州众致企业有限公司
	广东海洋大学寸金学院	广东海洋大学	湛江寸金教育集团
	广东技术师范学院天河学院	广东技术师范学院	广东民建机电设备有限公司
	广州大学华软软件学院	广州大学	广州世纪华软有限公司
	广东商学院华商学院	广东商学院	广州市增城太阳城发展有限公司

注：该表数据根据各学校网页、各学校年检报告统计而成。

4.3.3 广东省独立学院生源情况

2008年，教育部颁布《独立学院设置与管理办法》以后，广东省17所独立学院开始独立发放文凭。对此，独立学院生源方面并没有受到太大的冲击。广东省招生办有关负责人认为，独立学院经过这些年的办学积累，教学质量得到了社会民众的认可，就业率持续上升也引来了更多的学生填报独立学院。总的来说，广东省独立学院招生情况及生源呈现出以下特征：

（1）省内部分独立学院生源火爆，而有些独立学院却无法按原计划招满

在17所独立学院中，珠海三校即北京师范大学珠海分校、北京理工大学珠海学院、吉林大学珠海学院，以及中山大学两校即中山大学新华学院、中山大学南方学院，另外还有东莞理工大学城市学院等招生生源呈现出火爆形势。这些院校不仅第一志愿投档人数远远超出计划招生数，例如中山大学南方学院2009年计划招生3272人，实际录取达到4153人，招生人数比2008年还增加了1000多人。还有的学院投档分数逼近了"二 A"控制线。相反，有些学院却招不满计划人数，如 2010 年，广东海洋大学寸金学院理科计划招生数 1552 人，实际投档仅 131 人；文科计划招生数 968 人，实际投档却只有 67 人，不到招生计划的 1/14①。

（2）**专业招生点两极分化状态：热门专业过热而冷门专业无人问津**

省内独立学院有些虽整体投档人数并不理想，但其热门专业呈现出"过热"的态势，而有些专业却远远不够。例如 2008 年，东莞理工大学城市学院的会计专业和机械专业可谓是爆满，第一志愿投档人数远超过了计划招生人数。又如 2008 年华南理工大学汽车学院，第一志愿整体投档人数很少，远远不能满足招生计划，但是车辆工程专业投档人数却比计划招收的人数多出很多。

（3）**以本地生源为主**

广东省 17 所独立学院生源来源呈现出一个明显的特点，那就是基本上以本地生源为主，外地或外省生源只占很少一部分。例如，东莞理工大学城市学院 50% 以上的生源都是本地生源。从高等教育发展的规律来看，这种态势对于独立学院的发展建设是有弊无利的。

整体来说，广东省 17 所独立学院生源情况还算比较乐观，其主要原因在于这些独立学院毕业生就业率一直维持在较高的水平，因此，不管是广东省内的考生还是来自全国各地的考生都乐于报考独立学院。根据调查统计，广东省 17 所独立学院毕业生就业率均达到 90% 以上。其中，电子科技大学中山学院、广东工业大学华立学院、华南农业大学珠江学院、广东海洋大学寸金学院以及广东商学院华商学院这 5 所独立学院 2009 年毕业生就业率高达 98% 以上。

4.3.4　广东省独立学院办学基本条件

2008 年教育部颁布《独立学院设置与管理办法》，对独立学院的设立、办学条件、管理、评估等做出了严格的规定，并提出"五年

---

① 大洋网："二 B 类院校今日录取'珠海系''中大系'火爆"。http://news.dayoo.com/guangzhou/84517/84522/201007/30/84522_ 13440404.htm.

过渡期"的规划。自该办法实施以来，广东省独立学院努力按照该办法的规定来规范办学，努力成为办学条件合格且达到该办法所规定标准的独立学院。例如该办法中严格规定自该法规实施之日起一年之内各独立学院必须按规定日期完成资产过户，若不能按期完成过户且不能改正的则停止招生。根据2009年广东省教育事业统计数据显示，截止到2009年8月31日为止，广东省17所独立学院中，资产已经完全过户且达标的有电子科技大学中山学院、中山大学新华学院、中山大学南方学院、华南理工大学汽车学院、广东海洋大学寸金学院以及广东技术师范大学天河学院6所；而部分资产过户的有7所，另外还有4所独立学院资产未过户。若这些独立学院不能按时进行资产过户，则有可能面临办学困境①。在校园占地面积方面，广东省17所独立学院占地面积最大的为北京师范大学珠海分校，其占地面积将近8000亩，除了个别学院占地面积较小以外，其余独立学院占地面积都较大，其中，占地面积1000亩以上的独立学院有8所。另外，在教学行政用房、图书拥有量、教学仪器投入以及在校生数、教师数等方面，除了个别独立学院发展稍慢以外，大部分独立学院都处于发展较迅速且各方面较均衡的状态，具体数据见表4-7。

表4-7 2009年广东省独立学院办学基本条件统计

学校名称	资产过户情况	校园占地面积（亩）	教学行政用房（平方米）	图书（万册）	教学仪器（万元）	在校生数（人）	在校教师数（人）
北京师范大学珠海分校	部分过户	7557	158101	104.8	8160.63	17901	1078
电子科技大学中山学院	已经过户且达标	719.83	159921	91.43	6805.58	12753	698
北京理工大学珠海学院	部分过户	5000	131587	75	6124	15036	936
吉林大学珠海学院	部分过户	4655	180879	129	6600.83	18832	859

---

① 本部分数据来源于《2009年广东省教育事业统计》。

(续上表)

学校名称	资产过户情况	校园占地面积（亩）	教学行政用房（平方米）	图书（万册）	教学仪器（万元）	在校生数（人）	在校教师数（人）
华南师范大学增城学院	部分过户	568.51	87303	67	3157.75	9017	586
广东工业大学华立学院	未过户	915	138138	79.2	5121.6	11524	898
广州大学松田学院	未过户	829	60465	44.5	2767	7495	474
东莞理工城市学院	未过户	494	155318	57	4700	9387	808
中山大学新华学院	已经过户且达标	1585	33848	26.89	2880.40	4344	315
中山大学南方学院	已经过户且达标	1000	104137	58.3	3990	9726	596
华南理工大学汽车学院	已经过户且达标	1723	205572	38.6	5458.3	9632	578
华南农业大学珠江学院	部分过户	508	77041	43.8	3007	8592	358
广东外语外贸大学南国商学院	部分过户	600	45187	53.5	2490.2	8233	506
广东商学院华商学院	未过户	842	110918	55	3371.1	10914	597
广东海洋大学寸金学院	已经过户且达标	1013	93081	46.1	3511	8774	538
广东技术师范大学天河学院	已经过户且达标	1017	165841	63.2	5835	11619	727
广州大学华软软件学院	部分过户	483	97764	42.8	3682.9	10541	711

注：该表根据2009年广东省教育事业统计、各个独立学院年底检查报告相关数据绘制而成。

4.3.5 广东省独立学院社会评价

2010 年中国校友会网"大学评价课题组"根据具体的指标对中国三百多所独立学院进行了综合评价并排名。中国校友会网 2010 年度独立学院排名采用一级评价指标"人才培养""办学设施"和"综合声誉"三个指标。其中,"人才培养"又包括培养数量、培养质量、师资力量和学科建设四个二级指标;"办学设施"包括投入资金、硬件设施和软件设施三个二级指标;"综合声誉"包括高考录取批次、办学层次、国家办学条件评估、学士学位授权资格、高校媒体影响力、本专科专业学费、本地生源比例等等[①]。

由中国校友会网推出的独立学院排名,较全面地对各个独立学院进行了评价分析。结果显示,独立学院综合实力以及社会声誉是与各个学院办学设施的投入成正比的。有些独立学院起初举办时办学条件差不多,但经过多年的发展,由于办学设施及其他硬件投入的不同,其综合声誉以及排名也呈现出不同的情况。在 2010 年独立学院前 100 名中,华中科技大学武昌分校继续以独特的优势位居第一。广东省挺进前十的有北京师范大学珠海分校,其中有 10 所独立学院进入前 100 名。与 2009 年度相比,新增加的有广州大学华软软件学院,它以快速的发展挺进前 100 名。另外,上升幅度最大的为中山大学南方学院,由 2009 年的第 79 名上升到第 58 名,短短一年时间上升了 21 个名次。具体情况见表 4 – 8。

表 4 – 8   中国校友会网 2010 年广东省独立学院进入前 100 名的名单统计

学校名称	排名	变化幅度	总分	办学设施	人才培养	综合声誉
北京师范大学珠海分校	3	↑1	98.42	96.89	96.37	92.17
北京理工大学珠海学院	11	↓5	91.38	91.82	91.52	80.24
吉林大学珠海学院	17	↓7	86.79	85.14	91.07	73.37

---

① 本段所用指标引自 2010 年中国校友会网中国独立学院排行榜 100 强评价指标体系说明。

(续上表)

学校名称	排名	变化幅度	总分	办学设施	人才培养	综合声誉
华南理工大学汽车学院	20	↑1	86.14	90.16	85.04	72.38
电子科技大学中山学院	28	↑3	85.60	83.92	85.67	78.12
广东工业大学华立学院	29	↓9	85.48	87.17	86.26	72.43
广州大学华软软件学院	40	/	80.21	77.82	78.91	76.19
广州大学松田学院	57	↓9	75.22	73.48	73.45	71.49
中山大学南方学院	58	↑21	74.04	71.95	78.55	62.34
华南师范大学增城学院	65	↓1	70.14	65.72	69.96	68.51

注：该表根据中国校友会网2009年以及2010年中国独立学院排名榜数据绘制而成。

总之，广东省独立学院在过去几年的发展中为广东省高等教育甚至全国高等教育做出了不可磨灭的贡献。它起步较早，发展也相对较快，尤其是2003年教育部《关于规范并加强普通高校以新的机制和模式试办独立学院管理的若干意见》和2008年《独立学院设置与管理办法》颁布后，更是走上了健康发展的道路。尽管广东省独立学院在发展过程中也还存在一些问题，如产权不清晰、与母体高校关系混乱等等，但是只要一步一步按照相关规定来解决这些问题，那么广东省独立学院必将取得更好的发展。

4.4 广东省独立学院治理模式的发展规律和趋势

受内生性因素和外生性因素的影响，独立学院的治理实际上是动态发展的。独立学院治理的核心问题就是各利益相关者之间的权利配置问题，独立学院的发展过程也就是治理逐渐趋于合理化的过程。纵观广东省独立学院近十年的历史，其内部治理的发展规律和趋势可以总结如下：

4.4.1 内部利益主体的博弈影响着独立学院的治理

独立学院内部的利益主体按照不同的标准可以进行不同的分类，加上独立学院举办形式的不同，各个独立学院内部的利益主体涉及的群体也会不同，但总的来说，内部利益主体的矛盾运动是决定独立学院治理模式的重要因素。

高校与企业合作办学的独立学院，其内部的利益主体涉及母体高校与企业，如广东省内首家普通高校与企业合作共同创办的二级学院——华南师范大学增城学院是由华南师范大学申请，香港康大发展有限公司投资合作举办的。一方面，母体高校和企业双方各自的管理人员在内部管理上会存在意见上的分歧，造成管理效率低下；而另一方面，学院的发展也会由于过度依赖举办者的决策，导致学院发展的稳定性和持续性较差，学院对外公关能力和融资能力也相对较差。高校与政府合作办学的独立学院，一般都由母体高校来控制独立学院的发展方向，过分依赖母体高校造成独立学院无法形成自身的办学特色，从而成为母体高校的附属品。

如同我们在独立学院的治理中看到的一样，利益主体的博弈是一个长期的历史过程，而且不同类型的独立学院在不同时期有不同的结果。

4.4.2 治理结构向共同治理模式发展

随着独立学院的发展，政府出台了一些文件，为独立学院的健康规范发展提出了有效的建议和对策，如2003年8月，教育部出台了《教育部关于对各地批准试办独立学院进行检查清理和重新报批工作的通知》；2005年2月，教育部下发了《关于加强独立学院招生工作管理的通知》；2008年2月，教育部出台《独立学院设置与管理办法》；等等。文件涉及独立学院发展的各个方面，包括办学条件、管理办法、专业评估等等。

如今，广东省独立学院正努力按照"积极支持、规范管理"的原则逐渐走上规范化道路，不论是数量还是质量都取得了质的飞跃。但由于独立学院成立初期缺乏规范的管理，其在发展过程中还是出现了很多问题，如"校中校"、收费双轨制等有悖于其办学初衷的问题。所以，为了解决这些问题，较为理想的治理模式为共同治理，以满足社会公益性为目的，同时并行的运行机制为董事会和监事会，董事会的共同治理机制确保各利益主体有机会参与学校的重大决策，而监事会的共同治理机制则确保各主体都有监督权，实现主体之间的相互制衡。这种模式的核心就是通过学院的董事会等规章制度来确保各个利益相关者都有平等的机会来参与学院的管理决策，同时通过有利于相互监督的机制来制衡各个利益相关者的行为。共同治理的模式最终目的是通过这种制衡机制使各利益相关者都能充分表达自己的意志或意愿。

广东省独立学院治理结构长期都处于资本控制模式，单方面的控制极可能导致决策机制和监督机制不能正常运行，社会对独立学院的治理要求则是需要建立一种新的制衡机制，要求各利益主体参与到学院的决策和治理中来，所以，独立学院的治理发展趋势是向共同治理模式转变。

4.5 广东省独立学院的治理类型

4.5.1 以母体高校控制为主的治理模式

这种结构模式以母体高校控制为主，监督、决策和执行均出自母体高校内部，董事会的大部分成员都来自母体高校，直接监督并约束独立学院的管理层。投资方不管是政府还是企业，都只是在硬件和资金上给予投入，母体高校在这种关系框架上具有了明显的"位势"优势，处于一种支配地位。这种模式下独立学院的治理主要来自于母体高校对其的管理，虽然有利母体高校利用其自身优势，如优秀教师资源和办学声誉等对独立学院进行管理，但极容易导致母体高校完全控制独立学院的发展，从而使独立学院主要依附于母体高校而运行，两者的关系变成隶属关系,严重影响独立学院的独立发展。比较典型的有广东工业大学华立学院,其董事会成员14人,其中有10人来自母体高校,只有4人来自投资方。这种"一边倒"的态势很容易导致母体高校在独立学院的监督和管理中占绝对优势,容易控制整个独立学院的运行和发展,甚至出现母体高校只顾利益需求不顾独立学院办学需要而做出一些严重影响独立学院发展的决策。

4.5.2 投资方和母体高校联合控制的治理模式

在这种结构模式下,举办独立学院的各方都参与到监督管理中,决策和执行权力无法集中到举办者中的任何一方,其治理模式趋向网络式扁平化。这种治理模式下的独立学院内部管理体制运行较规范,因为严格实行董事会领导下的院长负责制,董事会严格履行自己的职责,母体高校不再是主导者,只在职责范围内给予独立学院帮助和监督,绝不过多干涉独立学院的内部管理。拥有这种治理模式较为典型的学院就是中山大学南方学院,该学院是由中山大学与广东珠江教育投资集团合作举办的。中山大学南方学院严格实行董事会领导下的院长负责制,董事会成员6人,其中3人来自合作方广东珠江教育投资集团,3人来自举办高校中山大学,董事长由合作方相关领导担任,而院长由母体高校中山大学推荐、董事会选任,法人代表是经董事会委托学院院长担任。学院董事按照章程规定行使相关权力、履行职责,每年召开2次会议,共同促进中山大学南方学院的发展。

通过对以上广东省独立学院治理的发展及治理模式类型的分析可以看出,随着独立学院的发展,独立学院的治理模式也随之发生了重要变化,为了解决其中出现的问题及完善治理模式,利益相关者治理理论在其中起着重要的作用。

4.6 广东省独立学院内部治理现状及存在的问题

作为多元利益相关者共同控制的组织,独立学院中那些不同的利益相关者在学校有着不同的利益诉求,并通过不同的途径、方式对独立学院产生影响。而作为其中的核心利益相关者，更是非常重要，它们之间相互影响、相互牵制，对独立学院的内部治理产生着重大的影响。与以往某一利益相关者占主导地位的大学治理结构不同，独立学院的内部治理如果要达到良好的状态，就需要建立一个平衡机制，使各方力量在一个协商氛围下能够充分表达自己的意志。纵观广东省独立学院的发展，在这十几年内取得了质的飞跃，但同时这些独立学院内部治理也存在相似的问题，如董事会成员结构不合理，内部制衡机制和外部参与机制不匹配；教师和学生参与决策的途径缺乏制度化，也缺乏他们利益表达的机制；等等。而这些问题关系着核心利益相关者在独立学院内部治理中的参与路径，认识到这些问题的存在，对如何来完善独立学院的内部治理有着重要的意义。

4.6.1 董事会参与独立学院内部治理的现状

《民办教育促进法》第19条规定："民办学校应当设立学校理事会、董事会或者其他形式的决策机构。"[①] 而且该法还对决策机构的人员组成、职权范围和法定代表人事项做了规定。从实际调研和资料搜集情况来看，广东省的17所独立学院中有15所独立学院成立了正式的董事会，实行董事会领导下的院长负责制，而另外两所——北京师范大学珠海分校和电子科技大学中山学院，则成立了专门的领导小组来代替董事会履行董事会应尽的职责，这两所成立领导小组的独立学院实质上也是按照董事会领导下的院长负责制来运行的。在现实中，这17所独立学院的董事会是否得到了很好的运行？独立学院真实的决策机构及其运行情况如何？现有的独立学院董事会存在哪些不足？下面结合调研资料，对这些问题进行针对性的分析。

4.6.1.1 决策机构人员数量

《民办教育促进法》要求"学校理事会或董事会由五人以上组成"。调研资料表明（表4-9），在广东省17所独立学院的决策机构中，组成人员为5名的学校有3所，占17.65%；组成人员为6人的

---

① 教育部：《中华人民共和国民办教育促进法》（教发〔2002〕80号）。

学校有 2 所，占比为 11.77%；组成人员为 7 人的学校有 8 所，占比为 47.06%；组成人员为 8 人的为 1 所，占比为 5.87%；组成人员为 9 人或 9 人以上的一共为 3 所，占比为 17.65%；组成人员为 13 人以上的为 1 所，占比为 5.88%。可见，广东省独立学院决策机构的成员一般为 5~7 人，其中以 7 人为最多。但也有学校的决策机构人数较多，如广东工业大学华立学院。

表 4-9 广东省独立学院董事会组成人数

组成人员数量（人）	5	6	7	8	≥9
学校数（所）	3	2	8	1	3
比例（%）	17.65	11.77	47.06	5.87	17.65

4.6.1.2 决策机构的人员组成

从董事会人员构成来看，董事会成员主要来自母体高校、合作方以及其他外来人员。从表 4-10、表 4-11 可以看出，17 所独立学院的董事会人员组成中，母体高校人员占多数的独立学院有 11 所，合作方人员较多的有 5 所，还有 1 所学院（中山大学南方学院）董事会成员中来源于母体高校和合作方的人数相等。另外，还有 2 所独立学院董事会构成中有外校人员，比如吉林大学珠海学院董事会中，原北京大学校长陈佳洱担任独立董事、澳门科技大学校长许敖敖担任董事。除了北京师范大学珠海分校的行政领导没有进入董事会外（占比为 5.88%），90% 以上的学校领导与董事会成员都有交叉任职的情况，有的学校行政班子成员与董事会更是高度重合，调查也显示了目前大部分学校的董事会成员中都没有教职工的代表。

从董事长和独立学院院长来源可以看出，董事长来源于合作投资方的学校共有 16 所，而北京师范大学珠海分校领导小组组长则由母体高校领导担任。17 所独立学院院长均由母体高校领导或者母体高校推荐人员担任。

表4-10 2009年度广东省17所独立学院董事会基本情况汇总

学校名称	有无董事会	董事会成员人数(人)	董事会成员来源(人数)			董事长来源	院长来源
			母体高校(人)	合作方(人)	其他(人)		
北京师范大学珠海分校	无,有专门领导小组	7	4	3	0	母体高校	母体高校
电子科技大学中山学院	无,有专门领导小组	8	3	5	0	合作方	母体高校
北京理工大学珠海学院	有董事会	5	2	3	0	合作方	母体高校
吉林大学珠海学院	有董事会	9	4	3	2	合作方	母体高校
华南师范大学增城学院	有董事会	7	6	1	0	合作方	母体高校
广东工业大学华立学院	有董事会	14	10	4	0	合作方	母体高校
广州大学松田学院	有董事会	7	4	3	0	合作方	母体高校
东莞理工大学城市学院	有董事会	9	4	5	0	合作方	母体高校
中山大学新华学院	有董事会	5	4	1	0	合作方	母体高校
中山大学南方学院	有董事会	6	3	3	0	合作方	母体高校
华南理工大学汽车学院	有董事会	5	2	3	0	合作方	母体高校
华南农业大学珠江学院	有董事会	6	4	2	0	合作方	母体高校
广东外语外贸大学南国商学院	有董事会	7	3	1	3	合作方	母体高校

(续上表)

学校名称	有无董事会	董事会成员人数(人)	董事会成员来源（人数）			董事长来源	院长来源
			母体高校(人)	合作方(人)	其他(人)		
广东商学院华商学院	有董事会	7	4	3	0	合作方	母体高校
广东海洋大学寸金学院	有董事会	7	3	4	0	合作方	母体高校
广东技术师范学院天河学院	有董事会	7	5	2	0	合作方	母体高校
广州大学华软软件学院	有董事会	7	4	3	0	合作方	母体高校

注：该表数据主要依据教育厅各独立学院2009年度检查报告统计绘制。

表4-11　2015年度广东省17所独立学院董事会基本情况汇总

学校名称	有无董事会	董事会成员人数(人)	董事会成员来源（人数）			董事长来源	院长来源
			母体高校(人)	合作方(人)	其他(人)		
北京师范大学珠海分校	无，有专门领导小组	7	5	2	0	母体高校	母体高校
电子科技大学中山学院	无，有专门领导小组	12	5	7	0	合作方	母体高校
北京理工大学珠海学院	有董事会(列入监事)	7	3	4	0	合作方	母体高校
吉林大学珠海学院	有董事会	9	4	3	2	合作方	母体高校
华南师范大学增城学院	有董事会	7	6	1	0	合作方	母体高校

（续上表）

学校名称	有无董事会	董事会成员人数(人)	董事会成员来源（人数）			董事长来源	院长来源
			母体高校(人)	合作方(人)	其他(人)		
广东工业大学华立学院	有董事会	7	2	5	0	合作方	母体高校
广州大学松田学院	有董事会	7	3	3	1	合作方	母体高校
东莞理工大学城市学院	有董事会	9	4	5	0	合作方	母体高校
中山大学新华学院	有董事会	5	3	2	0	合作方	母体高校
中山大学南方学院	有董事会	5	3	2	0	合作方	母体高校
华南理工大学汽车学院	有董事会	5	2	2	1	合作方	母体高校
华南农业大学珠江学院	有董事会	9	6	2	1	合作方	母体高校
广东外语外贸大学南国商学院	有董事会	7	5	2	0	合作方	母体高校
广东商学院华商学院	有董事会	7	3	3	1	合作方	母体高校
广东海洋大学寸金学院	有董事会	7	3	4	0	合作方	母体高校
广东技术师范学院天河学院	有董事会	9	5	2	2	合作方	母体高校
广州大学华软软件学院	有董事会	7	2	4	1	合作方	母体高校

注：该表数据主要依据教育厅各独立学院 2015 年度检查报告统计绘制。

4.6.2 董事会在独立学院内部治理中缺位的原因分析

4.6.2.1 董事会成员结构不合理，内部制衡机制和外部参与机制不匹配

表4-10和表4-11的数据反映了广东省独立学院董事会普遍存在成员结构不尽合理的问题，主要表现在四个方面：①董事会成员构成人数偏少；②独立学院外部非核心利益相关人士构成董事会的几乎没有或者极少；③除了参与举办独立学院的母体高校以及投资办学的企业或政府代表以外，学校内部普通的教职员工参与董事会的极少；④董事会成员往往只由参与举办独立学院的普通高校代表和投资办学的企业或政府代表组成，且人数往往相等。因而在独立学院做决策时，往往受到母体高校与合作方的左右，影响了决策的民主性和科学性。一方面，独立学院过分依赖于母体高校，受到母体高校过多的牵制，导致在专业设置和人才培养上无法从自身实际情况出发，而是一味地照搬母体高校的培养模式。同样，在管理方面，也会出现母体高校独断专行的情况，使得独立学院成为母体高校的一个附属院校，无法自身独立发展。而另一方面，如投资方在董事会中占绝对优势，导致其在决策上、管理上控制学院的整体工作，尤其是在财务上完全控制资金的调拨和使用。由于投资方的办学动机急功近利，往往不顾教育发展规律和正常教学的需要，要求在短时间内收回投资甚至要求收益回报，就会极大地影响到独立学院的健康发展。从广东省独立学院董事会成员的结构来看，大部分都没有来自第三方的董事会成员，所以造成了外部参与机制无法落实，这会造成董事会的决策不能全面反映社会各界的需求，无法保证独立学院的各方利益相关者的利益；学校内部教职工的参与不充分，也使得决策较为专断，缺乏民主管理；席位单纯由举办合作的双方构成人数对等，容易使决策过程转化为双方利益的博弈，导致出现内部的拉帮结派。这种治理结构仍旧以直线式、内控型为主，无法有效协调和兼顾各方利益相关者的利益诉求，所以总存在一些矛盾纷争。

4.6.2.2 董事会运行缺乏规范和健全的程序，法人治理流于形式

在我国，《民办教育促进法》规定了董事会每年至少召开一次会议。经 1/3 以上组成人员提议，可以召开董事会的临时会议。而笔者从访谈调查的资料中了解到，在实际运行过程中，广东省大部分独立学院的董事会会议是根据各个学校的需要及特殊情况而决定何时召开，具有很大的随意性和不确定性。有些学校虽然设立了董事会，但形同虚设，参与积极性不高，并未能真正有效地发挥作用。比如有的董事会人员组成既不符合有关法律法规的要求，也无法体现各投资主体的利益诉求；大多数独立学院的董事长是合作方的企业领导或是政府官员，而这些人一方面不熟悉教育规律，另一方面因其他的工作造成其精力有限，从而导致董事会空壳化，董事会不履行丝毫实际责任，也无法发挥作用。

从 2011 年广东省独立学院的年检报告中也可以看出，独立学院董事会的运作，只是依据国家大方向的一些政策来做规定，而没有根据自身实际来制定董事会章程，对董事会的依据和目的，董事会职责，董事会主席的产生程序、职责和任期等等都没有明确的规定。

董事会职能缺乏监督的问题在广东省的独立学院中普遍存在。大多数独立学院依据《独立学院设置与管理办法》成立董事会。由于该办法并没有要求独立学院必须设置监事会来监督董事会的运行，所以，所有的广东省独立学院都未设立监事会，而从教育主管部门对独立学院董事会的检查来看，检查内容最多只涉及董事会成员构成以及开会的次数是否符合规定等，无法深入化、具体化来进行监督。

4.6.2.3 董事会、董事长、校长关系不顺，职责分工不明

从广东省独立学院董事会董事长的情况来看，其中 16 所独立学院的董事长均由办学出资人或者是出资企业委派，按照出资就有支配权的思维定式，董事长极有可能出现权力越位现象，造成独立学院院长的权力"缺位"；而 17 所独立学院的院长均由母体高校委派。这两大利益相关者存在办学理念上的冲突及权利冲突。作为出资人，董

事长通常希望院长快速扩大招生规模,来实现盈利的最快、最大效果;而院长作为教育界人士,则希望注重追求办学质量,认为一些开支是必要的、无法节省的,招生规模应以不影响办学质量为前提。董事长与院长关系不顺的问题,一方面与董事长权力越位的问题相关,董事长作为出资方的代表,没有教育界的工作经历,缺乏对办学规律的认识,希望通过以企业的管理模式来保障自己对学校的实际控制权,所以与院长在办学宗旨上易出现分歧;另一方面缺乏相关的制度对两者的职责分工进行明确规定,造成了两者都没有充分、明确的授权,对各自的权力范畴认识上存在着很大的差异。

4.6.3 教师参与独立学院内部治理的现状

作为独立学院核心利益相关者之一的教师,是学术权利的主体,是独立学院中高等教育的提供者、组织者、指导者、参与者与合作者。他们是独立学院最主要的人力资源。他们既是学校的雇员,又是学校的主人。独立学院作为学术组织,知识资本是其关键性资源,而拥有知识资本的教授和教师毫无疑问可以在一定程度上支配和控制独立学院的运转。独立学院的教师在内部治理结构中的现状主要反映在其参与学校管理的过程中,所以,本研究对独立学院教师参与学校管理的现状进行了调查了解。

通过对广东省17所独立学院中抽样的3所独立学院进行调查,这三所独立学院分别属于不同的办学模式,即分别为"普通高校+政府"型的北京师范大学珠海分校、"普通高校+政府+企业"型的吉林大学珠海学院、"普通高校+企业"型的广州大学华软软件学院。每所学校发放100份问卷,一共300份,回收260份,回收率87%,其中有效问卷260份。统计结果显示,问卷的结构、信度、效度均达到了较为理想的水平。依据调查结果,可进一步分析独立学院教师参与学校管理的现状,揭示现行独立学院管理中存在的不足,进而了解作为核心利益相关者的教师在独立学院内部治理结构中的现状。

4.6.3.1 教师参与独立学院管理工作的态度

教师参与独立学院管理工作的意愿比较强烈,但在实践中,教师的参与程度与教师参与意愿形成了强烈的对比。

表4-13 教师参与独立学院管理的意愿

项目	非常愿意	愿意	无所谓	不愿意
百分比(%)	11.24	52.26	28.0	8.40

由表4-12可以看出,在被调查者中,大部分人表示愿意或者非常愿意参与学校的管理,这表明了教师有参与学校管理的意识。而且其他几个相关问题也反映了这种意识,如问题"当您所在的学校领导就学校的重大问题向您咨询时,您的态度是?"选择不参与的人数极少,只占了0.93%,"积极参与"与"参与"的人占了大多数,为89.67%。当问到"如果校领导在决定学校重大问题时很少请教师参与,您的态度会是?"被调查的教师中选择"不满意"的占了很大的比重,为50.54%,有28.12%选择了"无所谓",21.34%选择了"可以接受"。以上数据说明被调查的独立学院教师中,大多数人都有参与学校管理的意识,而且这种意识比较强烈。

4.6.3.2 教师参与独立学院管理活动的途径

(1)独立学院的教师希望以一定途径参与学校管理

教师要求参与独立学院的管理的比例很高。对于教师是否应该参与到学校的管理中,有69.2%的教师认为应该参与到学校管理中,而且当学校领导决定学校重大问题很少请教师参与时,50.5%的教师持"不满意"的态度,学校领导应该就这一问题引起重视。

(2)独立学院的教师参与学院管理的途径主要集中于"教师代表大会"和"教师座谈会和咨询论证会"

从表4-13可以看到,教师实际参与过程中以"教师代表大会"和"教师座谈会"为主,57.11%的教师主要通过"座谈会或咨询论证会"来参与学院管理,而通过"在职能部门任职"来参与其中的却没有,但在教师期望的参与途径中,有26.35%的教师希望通过

"座谈会或咨询论证会"来参与，同时有 25.34% 的教师希望通过"在职能部门任职"来参与，这种实际与期望的反差，表明教师不仅希望通过这些座谈会和咨询会来表达自己的意见，同时也希望通过在职能部门任职参与到最后决策的过程中。

（3）独立学院教师对设立学术组织的作用持肯定的态度

从调查中可以显示出，31.33% 的教师认为学校设立学术性组织十分必要，认为必要的占 53.41%，认为学术性组织可有可无的占 14.46%，认为没必要的仅占 0.80%。把前两项相加，教师中认为十分有必要和有必要设立学术组织的达 84.74%，这足以说明高校应该设立学术性组织。同时在另一项调查中，56.23% 的被调查教师认为目前独立学院中各种学术性组织在发挥独立学院的管理中作用一般，仅有 11.74% 的教师认为作用大，32.03% 的教师则认为学术性组织发挥的作用很小。

表 4-13 教师参与独立学院管理活动的实际途径与期望途径对比

项目	实际参与（%）	期望参与（%）
座谈会或咨询论证会	57.11	26.35
教师代表大会	17.83	15.75
参加学校学术性质委员	4.67	8.36
校长接待日	0.91	—
校长信箱	3.69	—
在职能部门任职	—	25.34
在院系任职	—	13.14
其他	15.79	11.06

4.6.3.3 教师参与独立学院管理活动的程度

本次调查将教师参与独立学院的管理分为五个程度，从实际参与程度与期望参与程度两个方面来比较。这五个参与程度分别为："不参与"，即教师被排斥在学校管理事项之外，这其中有三种情况，其一为学校领导和管理部门自行决定问题，不征询教师的意见；其二就

(续上表)

是教师自己不情愿参与到学校的管理活动中；其三就是一些重要事项涉及学校重大机密，教师不能参与到其中。"知道详细情况"，即教师知道学校管理事情的基本情况及其中的各种关系，但没有给予个人意见。"参与提供意见"，即教师参与到管理事件中与管理者讨论某些事项。"参与设计方案"，即教师不仅了解管理事项，提出了自己意见，还参与到其中的方案起草与设计。"参与方案决定"，即教师对管理事项的决定有表决权，并愿意对此负相应责任和相应义务。教师参与独立学院管理其实际参与程度与期望参与程度统计结果见表4-14。

表4-14 教师参与独立学院管理实际参与情况与期望参与程度的比较

参与程度	不参与（%）	知道详情（%）	参与提供意见（%）	参与设计方案（%）	参与方案决定（%）
实际参与	69.11	20.39	8.32	1.78	0.40
期望参与	10.53	43.07	31.23	9.34	5.53

从本次调查中其他两项内容显示，独立学院的教师"对自己参与学校管理的现状"感到满意的占9.35%；感到一般的占29.84%；感到不满意的占60.71%。对自己在"参与学校管理中所处的地位"觉得地位"高"的占1.92%；感到地位"一般"的占47.65%；感到"低"的占50.43%。

上面的统计结果表明：教师在参与独立学院管理中其实际参与程度不高，主要还是集中在"不参与学校管理"和"知道学校管理"详情两个维度上。教师参与独立学院管理的实际程度与期望参与程度有着显著的差异，而且期望参与学校管理程度要高于实际参与程度。总体上教师对自己在学校参与管理的现状不满意，且感到自己参与管理的地位低，没有被摆在重要的位置。

4.6.3.4 教师参与独立学院管理的内容

本次对教师参与独立学院管理的内容调查主要涉及三个方面，包括学校行政事务、教育教学事务和条件保障事务。这三个方面又包括具体的内容，见表4-15：

(1) **学校行政常务方面**

对比"实际参与"和"希望参与"的统计结果，教师在希望参与独立学院的行政管理内容比例增加，具体体现在"希望知道详情""希望提供意见""希望参与设计方案""希望参与方案决定"四个层次上。希望不参与学校管理的教师很少，但实际恰恰相反，不参与管理的教师占了很大比例。而能"参与设计方案"及"参与方案决定"的教师则非常少。

(2) **学校教育教学事务方面**

教师参与独立学院教学管理内容的实际情况要明显好于行政工作和条件保障方面。教师在关于学校教育教学管理内容的参与程度较好，在"对教育教学质量评估""学科设置与调整、重点学科建设""科研与学术交流""师资队伍建设""专业设置与调整"等方面都有约20%的教师在实际参与中知道详情。而在行政工作和条件保障方面没有出现这种情况，大部分教师都不参与其中的管理。

(3) **学校条件保障方面**

在行政工作方面，教师主要是期望知道详情和给予意见。而在条件保障方面，特别是涉及教师的待遇和福利分配的问题，教师希望可以参与到设计方案中。

表4-15 教师参与独立学院管理的内容及实际与期望参与程度比较

参与管理的程度	实际参与管理程度（%）					期望参与管理程度（%）				
	不参与	知道详情	参与提供意见	参与设计方案	参与方案决定	不希望参与	希望知道详情	希望提供意见	希望参与设计方案	希望参与方案决定
参与管理的内容										
一、行政方面										
1. 学校招生计划方案的制定和讨论	83.2	8.4	7.5	0.9	—	19.8	50.5	25.5	3.8	—

（续上表）

参与管理的程度	实际参与管理程度（%）					期望参与管理程度（%）				
	不参与	知道详情	参与提供意见	参与设计方案	参与方案决定	不希望参与	希望知道详情	希望提供意见	希望参与设计方案	希望参与方案决定
2. 学校办学目标、发展规划、工作计划	72	19.6	6.5	1.9	—	9.4	51.4	32.1	4.7	1.9
3. 学校重大管理规章制度制定	74.8	17.8	6.5	0.9	—	5.7	45.3	34.9	11.3	2.8
4. 有关人员管理调配或人事任免	84.1	12.1	2.8	0.9	—	19.8	42.5	33	2.8	1.9
5. 有关学校机构设置和人事管理体制改革	86.9	9.3	3.7	—	—	8.5	51.9	30.2	6.6	2.8
6. 国际合作与交流项目的实施	80.4	16.8	1.9	0.9	—	45.3	26.4	16	10.4	1.9
二、教育教学方面										
1. 对教育教学质量的评估	41.1	40.2	15.9	2.8	—	6.6	32.1	37.4	17.9	5.7
2. 学科设置与调整、重点学科建设	59.8	20.6	16.8	2.8	—	4.7	34	33	19.8	8.5
3. 科研与学术交流	45.8	32.7	15.9	4.7	0.9	6.6	30.2	37.7	17	6.6

（续上表）

参与管理的程度	实际参与管理程度（%）					期望参与管理程度（%）				
	不参与	知道详情	参与提供意见	参与设计方案	参与方案决定	不希望参与	希望知道详情	希望提供意见	希望参与设计方案	希望参与方案决定
4. 师资队伍建设意见与政策	61.7	21.5	13.1	2.8	0.9	4.7	43.4	33	12.3	6.6
5. 专业设置与调整、教学大纲的审定与专业课程建设	47.7	19.6	18.7	10.3	3.7	5.7	34	30.2	17	13.2
6. 重点学科带头人的选拔、任用及评优	67.3	19.6	13.1	—	—	9.4	41.5	40.6	6.6	1.9
7. 教师与专业技术人员的考核、奖惩与评聘	45.8	41.1	12.1	0.9	—	2.8	41.5	38.7	8.5	8.5
三、条件保障方面										
1. 学校资源调配情况	74.8	20.6	3.7	0.9	—	5.7	42.5	33	6.6	12.3
2. 教职工福利分配	63.6	32.7	2.8	0.9	—	2.8	38.7	34	14.2	10.4
3. 学校后勤保障管理工作	73.8	24.3	1.9	—	—	11.3	45.7	33	6.6	3.8

(续上表)

参与管理的程度	实际参与管理程度（%）					期望参与管理程度（%）				
	不参与	知道详情	参与提供意见	参与设计方案	参与方案决定	不希望参与	希望知道详情	希望提供意见	希望参与设计方案	希望参与方案决定
4. 大宗物资、大型和成套设备采购情况	92.5	4.7	1.9	—	0.9	24.5	52.8	10.4	7.5	4.7
5. 预算内外经费的收支	89.7	5.6	4.7	—	—	21.7	57.5	12.3	2.8	5.7

通过对问卷的统计分析，可以看出广东省独立学院内部治理结构中的核心利益相关者——教师在其参与学校的治学与治校过程中存在着很大的问题。

4.6.4 教师在独立学院内部治理中缺位的原因分析

4.6.4.1 教师主动参与独立学院管理的意识不够强

虽然教师们意识到参与学院管理的重要性，也从关心个人利益渐渐扩展为对学校各项事务的关注，而且参与手段和方式也逐渐多样化，但教师主动参与的意识还不够。从调查中显示，只有27.1%的教师主动就学校管理问题向领导提出建议，大部分的教师还是被动参与其中。首先，独立学院师资队伍的学历结构、职称结构和年龄结构都不够完善，而且流动性较大，许多教师对于参与学校管理没有相应的要求，长期只是履行着教学工作任务，对学校相关的管理漠不关心。其次，独立学院教师工作任务重，工作压力大，而且没有相对稳定较好的待遇，造成独立学院教师工作缺乏安全感，使教师缺乏参与教学以外学校管理活动的主动性，对参与学校管理无暇顾及。最后，由于教师自身缺乏相关的管理经验和知识，所以对参与学校管理处于陌生和观望的状态，不会主动参与到其中。

4.6.4.2 教师参与独立学院管理的相关制度不健全

许多独立学院尽管建立了教师参与管理的机构和制度，但实施效果却不尽如人意。首先，教师参与独立学院管理的途径和方法，往往集中在决策的初始阶段，通过教师座谈会或教师代表大会等渠道，广泛征集教师的意见、建议和要求，对于保证学校决策信息准确性起到了很大的作用。但在进一步的参与设计方案及方案决定的过程中，教师的普遍参与程度不高，影响了教师参与独立学院管理在最终决策意义上的作用发挥。其次，教师参与独立学院的管理内容主要集中在与教师教学工作相关的方面，但学校在发展目标的规划、学校定位的选择、人事任命的变更、改革发展的决策等方面对教师的开放力度不够，在上述问题上一般都缺乏教师的有效参与。最后，学校缺乏相关的教师应当如何参与管理的程序性规定及保障机制，而且有些制度形同虚设，如独立学院教师对于教代会在学校管理中的作用的认识，有64.53%的教师认为"不清楚"，还有23.34%的教师认为"不能代表"，只有12.13%的教师认为"代表了教职工的意见"，这说明教代会并没有真正发挥其作用，没有代表广大教师的心声。而且参与管理机制的不完善，也造成了教师在参与管理时意见分散、目标不一，没有形成有组织、有目的、有秩序、高质量、实质性的管理参与。

4.6.4.3 独立学院教师的学术权利与行政权利错位为参与学校管理制造了障碍

从调查中可以看到在实际运行中，独立学院的行政权利和学术权利处于一个失衡的状态。这种错位的现象会引发很多尴尬的情况，比如：职称评审中的学科组所行使的应该是学术性权利，专家组对受评人的评价应是学术性的；由多学科专家组成的职称评审委员会，应该行使的是行政性权利，其对专家组评议结果的审批、平衡、数量调控和政策倾斜等等，都应该是行政性的。但在各种实际的学术性评审活动中，往往由专家去承担平衡、照顾或根据需要向某些学科、单位倾斜的任务，使其以专家组评审结果的面目出现，让这些行政权利的产物染上学术权利的色彩，让人们看不清事物的真实情况，分不清到底是哪一种权利在起作用，混淆视听。

这两种权利的错位还体现在系统内部的分权上，如董事会作为独立学院重要的决策机构，其成员构成出现了一边倒的现象，作为学术权力的代表——教师，在董事会中没有占据位置，使得董事会在做决策时无法得到来自学术权利的监督，教书育人的独立学院本质上还是应该以学术权利作为主导，但现实情况恰恰相反；教师参与决策方面，从调查可以看到教师在决策方面的权利微乎其微，在学科设置、教材选择方面，很少有自己的决定权，而参与到教职工代表大会中发表自己的意见和看法的机会也比较少，凡是涉及诸如教学课程设计、研究项目选择、科研成果评价、职务晋升和学术奖惩等这些教师共同体内部的公共事务时，经常受到来自行政权利的干涉，而教师共同体无法以平等民主的方式来共同协商做出决定。

4.6.5 学生参与独立学院内部治理的现状

独立学院治理过程中，作为核心利益相关者的学生是被管理者，学生的权利从属于行政权利，所以其发挥范围也比较受限制。学生，或者说生源，作为一种资源，一方面它是独立学院赖以生存和发展的基础，另一方面它也是独立学院服务的对象和核心。学生的权利可以说是其自身资源赋予的，其存在是具有客观性的。无论是作为独立学院赖以生存和发展的基础，还是以高额学费购买高等教育，都说明了学生是独立学院核心的利益相关者。根据利益相关者理论，为了维护自身利益，学生有参与独立学院管理的权利，反之，独立学院的发展也离不开学生群体的广泛参与。从另一方面来看，学生向独立学院交纳了学费，实际上就成为独立学院的投资者或消费者，理应拥有参与学院治理、提出合理建议的权利，以此来保证自己能够获得预期的教育投资回报。《中华人民共和国宪法》《教育法》《高等教育法》都对学生权利做了明确的规定。

行使学生权利的目的是为了让学生参与到独立学院管理事务中，维护学生群体的利益。行使学生权利的载体是学生组织或学校组织，学生权利的主体是学生个人或成立的相关学生组织，权力的客体是独立学院、系、管理者和教师。

作者通过问卷调查广东省独立学院中学生权利的行使状况。调查内容分为四个部分，分别是"学生选择权"，即独立学院的学生在校期间，可以在培养计划框架内自主选择或选修专业、课程；"学生评价权"，即独立学院的学生和学生组织具有评价、监督任课老师的教学水平和学院管理水平的权力；"知情权"，即学生为便于实现自我管理和规划，对所有有关学生事务和能够公开的院务方面的咨询能够及时、方便、准确获取的权力；"学生参与权"，即学生有权参与学校管理事务的决策，特别是关系到学生权利的事务、决策时应保证有学生代表参与其中，而且决策前要征求学生意见[①]。

这次问卷发放选择了3所学校，这三所独立学院分别属于不同的办学模式，分别为"普通高校+政府"型的北京师范大学珠海分校、"普通高校+政府+企业"型的吉林大学珠海学院、"普通高校+企业"型的广州大学华软软件学院。每所学校发放200份问卷，一共600份，回收580份，回收率97%，其中有效问卷580份。统计结果显示，问卷的结构、信度、效度均达到了较为理想的水平。依据调查结果，分析独立学院利益相关者——学生主体权利的实现现状，揭示现行独立学院中学生权利实现过程中出现的问题，进而了解作为核心利益相关者的学生在独立学院内部治理中的现状。

4.6.5.1 独立学院学生对自身权利的认识

从总体来说，独立学院的学生对学生权利有一定的认识，在对"学生权力"的认识程度上，66.72%的学生听过这一词，而33.28%的学生没有听过。而调查结果也更加强调了学生对自身权利落实的要求，如表4-16所示，学生意识到自身的主人翁地位，并不是以往的被管理对象，而对自己参与学校管理的效果"不满意"的态度占了65.54%，更加说明了独立学院学生希望学校重视学生权利。

[①] 鄢烈洲、李晓波、曹艳峰：《我国独立学院治理研究》，武汉出版社2009年版，第162页。

表 4-16 学生对自我角色的认识

项目	和学校老师一起参与管理	自我管理的主体	被学校管理的对象	其他
百分比（%）	52.59	27.41	11.21	8.79

4.6.5.2 独立学院学生权利的行使状况

（1）目前学生权利的运行程度较低，发挥作用仍然较小

在调查目前学生权利的运用程度时，54.13%的学生认为学生权利"发挥作用很小"；12.59%的学生认为"没有作用"；29.14%的学生认为"发挥一定的作用"；认为"运用很广泛"的学生较少，只占有4.14%。

（2）学生各方面的权利运行程度不一

从表4-17中可以看出学生在与自己息息相关的学业方面的选择权的运行程度，在"教学计划的制定和修改""专业课程设置和调整""专业课程内容选择"方面，大部分学生都认为自己发挥的作用很小或是有一定的作用，说明学生的选择权有待加强。同时，在评价权方面，虽然学校让学生通过一定的渠道来监督评价学校工作，但38.62%的学生认为这些评价方式"有一定作用"，42.59%的学生认为"完全没有作用"，认为"很有作用"的学生只占18.79%。虽然学生各方面的权利运行程度不一，但都相对较低，没有充分地发挥其作用。

表 4-17 学生选择权的运行程度

作用程度 涉及范围	发挥很大作用（%）	发挥一定作用（%）	发挥作用很小（%）	没有作用（%）
教学计划的制定和修改	4.13	50.00	37.59	8.28
专业课程设置和调整	4.13	54.14	33.45	8.28
专业课程内容选择	20.86	45.86	29.14	4.14

4.6.5.3 学生权利的实现路径

(1) 学生希望通过一定的渠道行使自己的权利

从调查统计的结果可以看出，学生要求通过各种渠道来行使自身权利。如图4-1，有41.7%的学生认为"对老师授课不满意时，会选择在网上评教的方式或者调查时给予评价"；有33.28%的学生则会选择"与老师及时沟通"；而"保持沉默"的学生只占有16.72%。而另一项调查结果也对此做出证明，学生对于自己的知情权也希望有相应的保障，83.28%的学生认为学校应该及时公开校务工作，而觉得"无所谓"和"不应该公开"的学生只占有16.72%。

学生对老师授课不满意时采取的反映方式

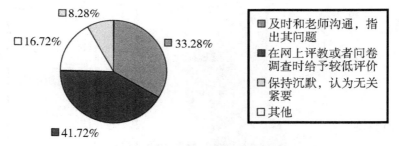

图4-1 学生对教师授课不满意时所采取的反应方式

(2) 学生参与管理的形式主要是通过学生组织或是网络平台BBS

表4-18显示，学生目前参与学校管理的形式，通过学生组织参与管理的占42.63%，通过BBS发表意见的占37.52%，通过校领导接见日参与管理的占5.85%，通过座谈会参与管理的占8.13%，通过召开听证会参与管理的占2.17%，其他占3.70%。调查结果显示学生多以学生组织或是网络平台的形式参与学校管理，实质上没有与学校管理层形成双向沟通，只是单方面发表意见等。而对学生希望参与学校管理的方式调查结果也显示，19.66%的学生希望通过设立校长接待日的方式来参与学校管理，与实际参

与比例5.85%形成了对比,这表明学生也希望能通过直接渠道参与学校管理,同时,这也说明学生希望通过更有效度的方式参与到学校管理中(见图4-2)。

表4-18 学生目前参与独立学院管理的方式

参与学校管理的方式	目前参与比例(%)
通过学生组织参与管理	42.63
通过BBS发表意见	37.52
通过校领导接见日	5.85
通过座谈会	8.13
召开听证会	2.17
其他	3.70

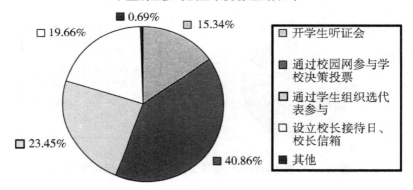

图4-2 学生期望参与学校管理的途径

(3) 学生认为学生权利应该通过多样化的参与途径来实现

在调查"哪种参与途径最有效"时,见图4-3,31.47%的学生都认为参与效度最高的"吸收学生参与制定教学与学生管理的相关制度"的途径最有效,这表明学生不仅希望表达自身对学校管理的意见,同时也希望自己的意见、建议、要求能被领导者和管理者的决策所吸收,而不仅是表面化、形式化的参与途径。

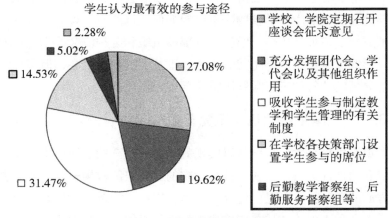

图 4-3　学生认为最有效的参与独立学院管理的方式

4.6.6　学生在独立学院内部治理中缺位的原因分析

调查结果显示，就目前广东省独立学院治理实际而言，学院并没有充分重视和保障学生权利，使行政权力和学生权利形成了一种管理与被管理的不平等关系。学生的学习和生活都分属于教务部门、学生工作部门和相关教职工管理，学生处于一种完全被管理的地位，无法奢谈来行使自己的权利。主要问题表现在以下三个方面：

4.6.6.1　学生权利运行范围较小、程度较低

学生权利运行范围较小，首先，表现在独立学院的教学活动中学生权利的缺失。作为高校最初具有及最基本的功能——教学与学生有着密切的联系。但从调查中可以看到，这些与学生自身利益密切相关的专业教学计划的制定和修改、专业课程设置和调整以及专业课程内容选择，学生参与到其中的程度很低。学生权利在这些领域的运行受到了学术权力的遮蔽（一般都由学术人员单方面做出决定，学生只有被动服从决定），学生的话语权被剥夺。其次，调查也显示在独立学院的行政管理活动中，学生参与的活动也主要局限于学校的图书馆管理、生活和宿舍管理，对于那些涉及学生切身利益的重大的行政事务决策，如学校的五年或十年规划、学校的战略定位、学生就业工作

的决策等鲜有学生参与的身影。而且在董事会中也没有出现学生代表参与的情况，学生对学校的决策机制如何运行并不了解。尽管独立学院都成立了诸如学生会、学生党支部等组织和各种协会等学生社团组织，形式上也赋予了学生代表在某些事务上的表决机会，但实际情况是独立学院的管理者将最终决策权牢牢控制住。

4.6.6.2 学生组织机构不完善

组织机构是学生权利得以实现的载体，健全的组织机构能实现学生权利的良性运行。目前，独立学院的学生组织机构建设主要存在两个方面的问题：一个是已经存在的学生组织机构都不能代表学生的利益，表达学生的心声。最应该代表学生的组织——学生代表大会的实际运行状况却难以让学生自身满意。在大多数学院中，学生代表大会已不能代表广大学生的利益，只是代表了部分既得利益者的利益，反映了他们的心声，部分学生加入学生会，也只是为了获取学生工作经验和综合测评的加分，而并未从表达自身的利益角度出发，所以学生会大部分工作的开展只是形式上的，没有从本质上去表达学生自己的声音；更为严重的是，学生代表大会丧失了"上情下达""上下沟通"的作用，成为老师工作要求向下传达的工具，忽视学生的信息反馈，切断了学生的反馈途径，如学生对教师教学的意见、对学校行政管理人员工作的建议等，都不能及时向上反映，这样就难以形成正常的信息交换的闭合回路。这种现象的存在，使得独立学院的学生组织在自我管理之余，更多表现出一种单一的学院信息的传达，而不是真正作为学生权力的代理人来负起维护学生利益之责，反倒成为了学院行政部门功能的延伸。

4.6.6.3 缺乏必要的制度保障

在独立学院中，纷繁复杂的管理守则、规范和制度都没有对学生权利内涵做出界定，没有规定学生在哪些领域享有权力，哪些领域的决策活动必须有学生参加，哪些组织必须有学生的席位，学生权力和利益受到了侵犯时，哪些途径能快速有效地进行挽救，这些问题都缺乏制度的根基。在调查中，57.8%学生认为目前参与学校管理最大的障碍就是"没有必要的机制作保障";而且在参与过程中,独立学院一般都缺乏关于学生应当如何参与管理的程序性及保障机制。学生在参与管理的过程中,往往由于从众心理,无法真正表达自己的意见,有时则会出现意见分散、目标不一的情况,长时间的讨论和争议也无法得出一个比较明确的让校方和学生都满意的结论。

第5章 国内外同类高等学校治理经验及启示

5.1 国内高校的内部治理

5.1.1 我国公立高校的内部治理

5.1.1.1 我国公立高校的内部治理机构

（1）领导机构

中国共产党高等学校基层委员会是公立大学的领导机构。《高等教育法》第39条规定："中国共产党高等学校基层基层委员会按照中国共产党章程和有关规定，统一领导学校工作，支持校长独立负责地行使职权。"即"国家举办的高等学校实行中国共产党高等学校基层委员会领导下的校长负责制"。《高等教育法》还具体规定了党委会的领导职责主要是："执行中国共产党的路线、方针、政策，坚持社会主义办学方向，领导学校的思想政治工作和德育工作，讨论决定学校内部组织机构的设置和内部组织机构负责人的人选，讨论决定学校的改革、发展和基本管理制度重大事项，保证以培养人才为中心的各项任务的完成。"

这一规定实际上形成了我国公立高校的行政等级治理模式。实行这种领导体制是社会主义初级阶段我国高等教育和高等学校的本质及其属性所要求的，高等教育部门和高等学校既是社会生产部门，又同时具有社会意识形态和文化基础工程等上层建筑部门的特征。为了在意识形态等上层建筑领域坚持社会主义方向，使高等教育培养的人才符合社会主义事业的要求，就必须坚持中国共产党对国家举办的高等学校的领导，这对于维护国家的政治稳定具有十分重要的意义。从产权关系上说，国家作为公立大学的出资举办者，作为公立大学财产终极所有权者，有权为公立大学制定领导体制，以从根本上维护国家举办大学的利益。由此校党委通常把握的是学校办学的政治方向。

（2）执行机构

校长既是公立大学法人财产所有权的代表者，又是大学法人财产经营权的代表者，作为强有力的行政长官，代表上级主管部门来行使职权。因此，我国公立大学校长及其领导的校务会是大学的执行机构。《高等教育法》第41条规定："高等学校的校长全面负责本学校的教学、科学研究和其他行政管理工作。"还具体规定了校长职权：①拟订发展规划，制定具体规章制度和年度工作计划并组织实施；②组织教学活动、科学研究和思想品德教育；③拟订内部组织机构的设置方案，推荐副校长人选，任免内部组织机构的负责人；④聘任与解聘教师以及内部其他工作人员，对学生进行学籍管理并实施奖励或者处分；⑤拟订和执行年度经费预算方案，保护和管理校产，维护学校的合法权益；⑥章程规定的其他职权。公立高等学校的校长通过主持校长办公会和校务会来处理上述规定的有关事项。校长由上级党委或教育行政主管部门任命，在党委领导下全面负责学校各项行政工作。

（3）监督机构

监督机构是一个部门或一个组织下达的命令得以顺利实施的重要保障。我国公立大学的监督机构主要包括教职工代表大会、学术委员会和校务委员会等。

教职工代表大会目前是我国公立大学起监督作用的机构。《高等教育法》第43条规定："高等学校通过以教师为主体的教职工代表大会等组织形式，依法保障教职工参与民主管理和监督，维护教职工合法权益。"

校务委员会是一个议事机构，主要职能是帮助校长进行行政事务的决策，同时在学校行政事务方面对校长进行制衡。校务委员会对关于人事、财务、工资、招生、就业及学校建设方面的问题进行讨论，以保证学校民主办学。校务委员会一般是党委书记或校长担任委员会主任，组成人员由学校党政领导任命，主要包括学校的党政领导、学校管理人员代表、教师代表，有时也有学生代表。

学术委员会是高校内部设置的对教学、科研等方面的学术问题进行评审并做出决定的学术机构，是校长在教育学术事务方面的咨询和制衡组织。学术委员会由某一学科的学术带头人、资深教授、专家构成,以校内为主,也可以聘任校外相关学科的知名学者参加,以保证学术委员会的权威性和公正性。其作用大致有三个方面:一是审议学科专业设置,二是审议教学、科研计划,三是评定技术人员的职称及教学、科研成果。

(4) 校、院、系三级学校管理体制

从纵向来看,我国公立大学的行政系统分校、院、系三级,校级设立若干行政管理部门,完成校长所交付的各种行政管理工作,副校长协助校长主管相应的行政事务,各学院分别设书记、院长、系主任来主持各院的教学和行政工作。在这种管理体制下,学校层面一级为大学的决策中心,主要对大学进行宏观调控和制订长期发展规划,其职责主要有掌握国家的教育方针政策,把握大学的办学和发展方向,负责学校的整体规划,协调、监督与评估全局性工作等。各个学院成为学校领导下的,集教学、科研、行政和学生工作等于一体的实体性管理机构,它也是对大学负责的相对独立的办学实体,代表大学对所属各系或系一级的机构等进行管理。而系是隶属于学院的教育业务管理执行机构和基层学术管理机构。在学校和学院的领导下,系一级的单位要贯彻实施学校和学院的决策与计划方案,搞好本系的教学、科研和学生管理工作。

5.1.1.2 我国公立高校内部治理主体之间的关系

领导机构、执行机构和监督机构三层管理体制是一种相互制约的运行机制。领导机构主要职责是统筹安排整个学校的教学活动,起协调和调控作用,保证教学活动的正常进行,主要处理纵向和横向的各种关系,上至国家和地方各级教育行政部门与政府,下至各校之间的领导和教师。执行机构则需要制订出具体的执行方案和管理制度,保证领导机构的各种政策、措施的顺利开展。监督机构是整个教学活动有效进行的强有力的保障,它一方面可以保证各项工作高效地完成,另一方面通过监督所反馈的信息,及时调整方案,尽量减少政策、命令等在执行过程中出现的失误。所以,领导、执行和监督三个机构无论对于学校,还是对于各院系来说,它们所起的作用都是非常重要的，三者之间通过权力的有效制衡，保证学校和院系各项工作正常、有效地执行。

5.1.2 我国民办高校的内部治理

民办高校治理问题的核心和关键是民办学校控制权的配置和行使。就目前全国民办高校发展的现状来看，可以把民办高校治理结构分为三种模式：

5.1.2.1 人力资本控制模式

这是我国民办高等教育兴起时所普遍采用的模式。在1993年《民办高等学校设置条例》（以下简称《条例》）颁布实施之前，我国民办高校一般自己都不建校舍，没有校产，没有资产，从零开始，主要依靠学费的盈余以及管理者人力资本的不断投入所创造的价值滚动发展起来。办学者的人力资本尤其是社会资本是民办高校的专用资产，决定着学校的生存和发展，这也是因为《条例》实施之前，政府对举办者的资格和设置条件还没有进行明确的量化和严格的行政审批程序。再者，20世纪80年代民办高校处在恢复发展阶段，国内民办教育市场还是一个买方市场，不存在市场的生存竞争。所以，早期的市场环境、政府政策、相关法律环境都为这种治理结构模式带来了一定的生存和发展空间。在此期间，民办高校按产权性质，大致可以划分为公有性和私有性，但部分院校存在兼有公有和私有两重性质。这种模式的优点在于交易成本低，决策效率高，管理层次少，管理成本低，学院战略目标的制定及相关服务的决策迅速有效。但这种高度"人治"的治理模式存在着局限性，如学校的发展过分依赖举办者，稳定性和持续性差，学校的外部融资难等。

5.1.2.2 股东控制模式

这时的民办高校大都向以物质资本投入为主的"企业投入，产业运作"模式转变，出资者成为股东，凭借对学校的投资获得对学校的控制权，形成民办高校的"股东控制"模式，即由股东组建和控制董事会，校长由董事会聘任，实行董事会领导下的校长负责制，董事会和学校管理层有了明确的分工。这种模式的优点在于有利于解决民办高校的资金困境,管理效率比较高;其缺点主要在于股东的变更直接影响学校法人治理结构的变化,而且缺乏一个有效利益制衡机制,学校的发展可能导致公司化倾向,背离教育教学规律。

5.1.2.3 共同治理模式

民办高校作为非营利组织,应该以满足社会公益目的为前提,克服前两种模式的不足,创建"共同治理"模式。共同治理结构体现在吸收社会贤达和具有法律规定资质的教育工作者以及与学校具有直接利益相关者进入董事会、监事会。捐资者会从资本的角度考虑学校的发展和运转,学校的校长从学校的教育教学的角度去考虑学校的发展,而社会贤达作为民办高校的独立董事应该是社会利益的代表。共同治理的核心,就是通过学校章程等正式制度安排来确保各个利益主体具有平等参与学校管理决策的机会,同时又依靠相互监督的机制来制衡各利益主体的行为,适当的投票机制和利益约束机制则用来稳定合作的基础,并达到利益主体行为统一到满足社会公共利益需要这一共同目标上。①

5.2 国外高校的内部治理

《独立学院设置与管理办法》中明确规定:"独立学院是民办高等教育的重要组成部分。"相比于我国民办高校,国外高校的历史要长得多,其治理经验也要丰富得多。需要指出的是,国外很多私立高校无论是教育质量还是成果数量都名列前茅。国外高校之所以能获得巨大成功,一个重要原因是其不断完善的法人治理结构。本章选取了美、英、日、法、德五个国家作为样本进行解读,并分析了美国、英国、日本三个比较突出的发达国家的高校治理经验,为探索我国独立学院法人治理提供了必要的经验和启示。

---

① 苗庆红、周红卫:《民办高校治理结构的三种模式》,载《中国高等教育》2005年第13期。

5.2.1 美国私立大学治理结构及经验

5.2.1.1 美国私立大学治理结构

从总体上看,美国高校的领导体制是一种体现校外利益集团的董事会领导下的校长负责制。本小节主要对美国高校的董事会、校长及执行机构、教授会三层组织机构的组成和相应的责权利进行论述。

美国的大学虽然就其种类、办学目标来说是多种多样的,但是其管理机构有着比较多的共同点。即无论公立私立,规模大小,大多数大学的管理机构都有大学董事会、校长及其执行机构和教授会组成。

美国大学普遍采取校、院、系三级管理方式,多数实行董事会领导下的校长负责制。学术行政两权分开,各司其职,相辅相成。

在学校层面由董事会、校长、副校长、教务长、副教务长等分管工作。

(1) 董事会

美国的高等学校几乎都有董事会。董事会是学校的最高管理机关。通常是一个董事会管理一所大学,但在州立大学,一个董事会有时管理几所大学。董事会作为学校内部最高的权力机构,其成员主要由州政府或者大公司、大财团任命的校外人士或校内人士投票选举组成。

董事会的主要职责包括:①把握学校的大政方针,确定大学的办学性质、办学目标,对大学的发展进行规划并且针对制定的目标对全校教职员工进行统一的领导,使他们接受这一目标,并且协同起来为实现这个目标而努力;②选定、考核和任命校长,协助校长工作,并对校长的工作进行评价和监督,保障学校管理的有效性;③沟通学校与社会的关系,筹措办学资金,管理投资基金,决定年度预算;④检查和制定课程规划,落实具体的计划,确定学生的成绩标准;⑤听取学生和教师反映的问题,并做出相应的裁决。

看起来似乎董事会的职责相当广泛,学校内部所有事务都可以管，但实际上董事会的权限大部分委托给了校长及校长以下的行政管理人员，即执行机构。

(2) 校长及执行机构

校长由董事会任命，是学校的最高行政负责人，在学校的运行和管理中处于极为核心的地位。校长主要负责的是具体执行董事会的意志，制定学校发展的具体政策，拥有学校日程事务大部分的管理权。校长一方面全面负责学校行政，另一方面兼任校评议会主席。校长对董事会负责，董事会有权对校长的工作进行评价。

校长的具体职责包括：①任命校内组织机构的负责人；②给出学校总的学术政策，管理课程计划的执行；③筹措学校的有形和无形资产、校友捐赠和学校基金收入，并规划其运作；④提出学校预算并监督实施，领导制定、修订学校发展规划，主持决定重大设备的购置；⑤协调学校内部各个组织部门的关系，在制定有关教师和行政人员职责及工作标准等方面起协调和推动作用；⑥负责学生事务。

学校内部建立和规范了行政能力很强的科层组织辅助校长进行管理工作，其职务通常包括副校长、院长和系主任等教育研究部门的管理人员。这些人员负责把校长的决策落实到大学的具体工作中去，他们一般具有相当的学术水平和教学经验。

副校长的工作直接对校长负责。一般是把校长的工作具体分几个方面，例如教育、科研、财政、学生等，然后根据设置的情况每个方面设一个到两个副校长进行专门的管理，负责相关方面的预算和人事设置，他们的工作较校长更为具体。

院长根据构成大学的各个学院进行设置，通常根据董事会的提名由校长进行任命，负责协调所属学院各学科的教育活动。系主任主要是根据学科单位进行设置，统辖整个学科，在所属学科很有发言权。他们具体负责制定学科的教育内容，制定预算，拥有所属学科教员的任免权和提升权。

(3) 教授会

美国大学允许教授参与学校管理，并将主要的学术事务交由主要由教授、副教授组成的大学教授评议会处理。教授会也是校长的咨询机构，它在教授及学部长的选聘及评定审查中起决定性作用，学部长通常主持该学部的教授会。校、院、系三级都有教授会，一般来说，教授会的发言权限于学术领域，对大学的发展并没有太大的影响力。

5.2.1.2 美国私立大学的治理经验

（1）外部治理机制

美国是一个真正实施宪政或法治的国家，联邦主义的政治结构强调州政府的自治以及在重大问题上对联邦政府的服从。而分权体制取决于宪法对立法权、司法权、行政权的配给。纵观美国宪法及其修正案，并无授权联邦政府和州政府对于教育进行管辖之条款，而寥寥无几的涉及教育的宪法案例（如布朗诉托皮加校区教育委员会案、加利福尼亚大学诉巴基案、密西西比女子大学诉霍根案、西弗吉尼亚教育委员会诉巴尼特案等）也仅仅是联邦最高法院关于宗教自由、人权及平等法案在教育系统或大学校园具体实施方面的案例，并无创设任何行政法意义上政府宽泛的介入权。这些案例与其说是对自由竞争的教育商品的限制，不如说是现代人权观念对于传统教育观念的更新。鉴于美国建国是对英政府滥用征税权的反抗，美国公众一向对无所不至的政府权力充满疑虑，因而对政府采取了苛刻的限制，将其排除于民众自决事项之外。由此形成的宽松的外部治理环境是美国私立大学发展的前提条件。美国联邦政府无权制定关于大学教学、科研、人事、财务等方面的法律。

当然，完全自由竞争的高等教育模式无法提供符合最优供给理论的教育科研等公共商品，劣币驱逐良币的市场失灵法则也无可避免。因而，在1934年的罗斯福新政之后，联邦政府对于大学教育承担起部分干预职能。但这种干预不涉及高等教育市场的准入核准、大学自治权的颠覆等。联邦政府主要通过鉴定、学生资助、研究资助、宏观引导等市场化的方式控制高等教育的质量。首先，在鉴定方面，联邦政府及其职能部门并不对各高校的教育质量问题进行优劣判断，而是任由非政府鉴定机构对各大学的教育质量和科研水平进行综合和分类评定，鉴定机构则受市场化因素制约，其不当评定大学教育质量的行为会使其丧失商誉及由此带来的经济利益，最终为行业所淘汰。这些市场化的鉴定机构定期（1年、3年或5年）对美国大学进行综合或专业排名,其评级结果往往成为学生报考、雇主招聘、政府资助、公司科研合作的依据。其次,在学生生活费和教育经费的资助上,1965年联邦政府通过《高等教育法》,该法规定联邦政府将财政收入的特定比例或依法筹集的资金用于支持平等受教育权,分配给贫困但具有天赋的学生或少数民族学生。各大学获得这些资金的资格取决于鉴定机构的评级以及对联邦反歧视法的遵守。再次,研究资助。联邦政府通过制定财政支出预算,将部分资金划拨给大学,用于支持因不具有可预期的营利性但对公共知识积累大有裨益、私人投资一般不愿进入的基础学科研究(诸如数学、物理、化学、天文学等)。这些资金的分配程序具有市场竞争性,即较多的项目争取较少的资金。大学在申请研究资助程序中提交课题,经同行评议,最符合社会公共利益或最为需要支持的或成功可能性最大的基础项目取得拨款。最后,宏观引导。联邦政府还通过行政指导手段,针对教育的基本职能、未来教育发展的趋势制定了诸如《美利坚合众国教育目标》《国家21世纪教育战略》等方针政策对各层次大学应提供的教育服务进行宏观引导,当然,需要指出的是,这些宏观政策不具有国家强制执行力,仅为大学发展之参考。①

美国高校数量繁多,各层级的教育也不尽相同,而各州对于教育的立法情况亦不相似,因此,美国大学必须遵守的法律也很复杂。例如,根据美国宪法关于未制定且不禁止之事项不妨碍各州人民自行立法的原则,1/3以上的州制定了适用于本州的教育法律,因而公立大学必须同时遵守联邦宪法、联邦最高法院的宪法判例及所在州的宪法和教育法律。

(2) 内部治理机制

美国私立大学的最高权力机构是董事会,大学章程对董事会做出相关明确规定。一般说来,美国大学的董事会成员主要由校外人士组成,这一传统是基于大多数美国大学的设立资金来源于某个资本家的生前遗嘱或捐赠基金,因而并无直接人士对大学享有即便只是名义上

---

① [荷] 佛兰斯·范富格特主编:《国际高等教育政策比较研究》,王承绪等译,浙江教育出版社2001年版,第75页。

的所有权，发起人只是作为教育事业的倡导者而非承担者。董事会成员多为退休政府官员、著名大法官、参议员、众议员、企业领导人、知名校友、热心于教育事业的非政府组织成员、家族事业的继承人等。校长可以是董事会成员甚至可以兼任董事会主席。这一特殊的制度安排保证了美国私立大学与社会的紧密联系，来自于社会各界的人士能够将市场需要的人才和知识信息无阻碍地传导至大学，进而使大学教育和研究方向契合社会需求。同时，这些享有经济资源和政治资源的董事会成员也可以为大学发展提供大量支持，甚至可以以一己之力为大学抵御政治浪潮的侵袭提供屏障。20世纪60年代的民权运动推动了教师及学生进入董事会的进程，因而，现在的美国私立大学的董事会成员中也包括了部分师生代表。私立大学的董事会因特殊原因在出现成员人数低于章程规定的最低人数时，由现有董事会成员推选新的董事。董事会成员的人数的规模因大学章程的规定而不同，有七八名董事会成员的，也有七八十名董事会成员的。一般董事会设主席一人，副主席一人或若干人，常规董事会会议的召开周期由章程确定，一般为一年四次，临时董事会会议的召开则由董事会主席、符合人数规定的董事或校长发起。

美国大学校长是学校行政管理的最高负责人，是董事会决定的直接执行者。校长由大学章程或董事会通过决议授权，主要负责处理学校日常行政事务。这一特殊的制度安排也类似于美国上市公司的治理结构，即董事会的边缘化和经理层中心主义。因此，美国校长对于大学事务享有的权力要大于同为英美法系的英国大学校长和政府管制较多的德国大学校长的权力。随着美国大学日益融入美国经济、政治的方方面面，大学的管理日趋精致，因而学术专家担任校长的传统渐趋式微，政治家或者企业家担任校长一职的比例越来越大。在美国大学里，校长一般负责处理对学校发展带有重大性和根本性的问题，其将主要的精力运用于筹集学校发展所需要的资金和人脉支持方面。学校的日常行政管理工作，则由兼任教务长的常务副校长承担，其他副校长（副校长一般都在五人以上，有的甚至多达十数人）则根据校长的授权各自负责教学事务、科研事务、基建事务、招生事务、学生事务等工作。① 由此可以看出，系属英、美两国的大学校长和副校长之间的权力配置模式极为类似。

奠定了民主制基石的美国大学在董事会和校长之外还设有多个委员会对大学进行治理，其中最具特色的是教授评议会。在美国大学里，教授治校具有悠久的历史传统，学校是教授而非行政官僚的学校这一观点深入人心。教学计划、学生录取和学位授予标准的确定以及各种教学和科研设施的使用是教授评议会的主要职责。根据学校规模的不同，评议会的成员组成也有区别，有的只是由在职的全体教职员工组成，有的则由各院系自行选举的教授代表组成。总之，教授评议会在美国大学的学术事务中具有至高无上的权力。

以上分析的是美国大学内部治理结构的一般规律，下文以美国最著名的哈佛大学为例，简要介绍其内部治理结构。

【案例一】哈佛大学内部治理结构

哈佛大学的内部治理结构属于扁平模式，这种模式比一般治理结构框架更为复杂。扁平模式的主要特征是，校长、副校长、财务审计长、学校律师、财务主管、各委员会都向董事会汇报工作、对董事会负责，因而不同于下级只对直接上级汇报工作，只对直接上级负责的垂直模式。而且哈佛大学与美国其他私立大学最大的不同之处在于建立了双层董事会模式。即哈佛大学的最高权力机关为两个治理委员，一个是"哈佛督学委员会"，另一个是"哈佛学院的校长和校委员"。相对于"校长和校委员"这一权力机构，"哈佛督学委员会"的工作职能偏向于宏观，其对大学的教学和科研活动的直接影响较小。它的主要职能是对大学的长期政策和远景规划运行提供必要建议，并在章程规定的重大事项发生时进行审批或核准。而"校长和校委员"的工作事项则非常琐碎细致，与哈佛大学教学、科研活动、行政机构的建立运行有关的所有政策以及被章程或"校长和校委员"认为重要的

---

① 王英杰：《美国高等教育的发展与改革》，人民教育出版社1993年版，第78页。

问题都必须经过"校长和校委员"的讨论才能决定。除了校长之外，教务长和财务主管也是直接对"校长和校委员"负责的。在此必须提及的是财务主管。财务主管是哈佛大学不可或缺的灵魂角色，2000年至今，除开发生金融危机的2008年和2009年，财务主管史文森通过管理大学基金，每年向学校支付的投资收益占到哈佛大学当年支出的20%以上。与"哈佛督学委员会"相关的还有一个组织，即哈佛大学校友会，它在治理结构中的作用主要是每年提名并组织督学的选举。依照哈佛大学校友会网站上列示的现任督学、校委员表格统计，该校共有30名督学。全部督学皆拥有哈佛大学教育背景，并且全部督学并非哈佛大学现任教职人员，相信这是基于获取捐款、合作投资的财务需求而做出的特殊制度安排。校委员则有七名，大部分都具有哈佛大学教育背景。哈佛大学也设有教授评议会，教授评议会是大学提出和制定学术政策的重要机构，由教授或以教授为主的学术人员组成，几乎包揽了学术事务的决策权。

哈佛大学法人治理结构最值得借鉴之处有如下几个方面：

(1) **章程即宪法**

哈佛大学章程完备，其结构和内容的完整性及严谨程度不亚于美国最为繁复的《证券交易法》。哈佛大学章程包括25章内容：①总则。论及哈佛大学设立之目的和办学宗旨。②董事会。对董事会的权限、董事的选任资格、提名选举程序、权利义务、免除事项、会议召开方式、决议通过的最低人数要求等进行了详尽的规定。③董事会的管理委员会。对董事会下设常规委员会的种类、委员的选任资格、提名选举程序、委员会的职能等进行了规定。④年度审计。对于大学财务官的职责义务、财务官的人选确定、大学每年预算收支的执行情况、董事会对审计报告的质询程序等进行了规定。⑤校长。对校长的选任资格、选举程序、权利义务、免除事项、工作规范等进行了规定。⑥副校长和副教务长。对副校长的选任资格、选举程序、权利义务、免除事项、工作规范等进行了规定。⑦教务长。对教务长的任免程序、权利义务、工作规范等进行了规定。⑧财政和行政执行副校长。对财政和行政执行副校长的选任资格、选举程序、权利义务、免除事项、工作规范等进行了规定。⑨学校董事会秘书和校长办公室秘书。⑩大学聘请的外部律师。⑪学校内部的权力控制和制衡机制。⑫大学教师。对大学教师的聘用程序、工作考核、职务评定、教学规范等进行了规定。⑬院系教师。⑭学士、博士学位的授予。⑮院长、系主任以及其他学术官员。⑯科研人员。⑰客座教授。⑱大学公共道路的交通和公共停车场的停车规定。⑲教授评议会。⑳医学研究中心。㉑大学校园的安全保障工作。㉒学术、行政争议的解决机制。㉓其他规定。㉔对受教育和就业机会平等保护。㉕修改大学章程条件和程序。由此可以看出，在"任何争议都可以诉至法院并由其裁决"的美国，具有高度权威性和严肃性的哈佛大学章程，保证了哈佛大学内部治理结构的完善，是其能在强手如林的私立大学中脱颖而出的重要因素。

（2）教授评议会对校长权力的制约

不同于牛津大学中教职工大会是学校的最高权力机构，在哈佛大学中，教授评议会是代表和保护教师利益和学术共同体的组织，是大学最高学术权力的代表。因为美国大学分工较细，校长往往不是学术权威而是商界、政界精英，为使学术自身不受非专业的独断权力的干预，教授评议会有权为教师利益处理所有教育问题。教授评议会也有权就学术共同体的利益向大学各类管理委员会提出建议。在哈佛大学中，一方面存在着明显的官僚等级机构，即校、院、系层级上的划分；另一方面其学术力量也足以在学校的决策与管理中发挥重要作用。因而，哈佛大学是官僚机构与学术行会组织相互渗透、行政权力与学术权力分权制衡的多元权力结构。这种行政领导和教授共同治理学校的模式使得校长对于学者和学术事务不能专权，教授评议会的存在是对大学校长权力的一种制约。

5.2.2 英国私立大学的治理结构及经验

5.2.2.1 英国私立大学的治理结构

英国的高等教育可以分为三种类别。这三种类别分别为大学、教育学院和继续教育学院。大学经费来自中央的教育科学部，教学与科研工作并重。管理上主要实行自治,开设多学科,具有学位授予权。而教育学院和继续教育学院则隶属于地方教育局,经费来自于地方,以职业性教育教学为主。这些高等教育机构大致可以分为:以牛津大学、剑桥大学为代表的古典的学寮制大学;以伦敦大学为代表的联合大学即近代大学;20世纪60年代国家创办的新大学、科学技术学院和教育学院、开放大学和近代市民大学。

通常,英国大学的组织结构是在皇家大学宪章中规定的。在大学的层次上,主要的决策机构是校务委员会、理事会、评议会和校长。理事会是英国大学的最高管理机构,其主要职能之一就是为大学筹措资金,因此其成员常常有一半是校外人士。评议会则主要由校内人士组成,负责学校的学术事务。由理事会代表和评议会代表组成一个规划委员会来决策和规划大学的发展。

(1) **理事会**

理事会由大学教授、学生、大学行政人员、地方教育当局代表和社会各界的代表组成。平均由30个左右成员组成,其中,教授的比例正在逐年增加。理事会一年举行6~10次会议。它的主要职责包括制订发展计划、筹措经费预算、正式批准教师的任免等事项。理事会的很多工作都是由规划委员会去做。

(2) **校务委员会**

校务委员会是形式上的大学最高权力机构,但在大学内部治理的实际操作中所发挥的作用不及理事会。它的职能很大程度上是仪式性的,主要作用是加强学校和社会的联系。校务委员的成员人数不固定,跨度很大,平均在250人左右,由地方上的官员、富绅、校友、教师和学生代表及各种协会和组织的代表组成。

(3) **名誉校长、校长**

英国大学的名誉校长一般由王室成员、贵族、著名科学家或企业家等社会名流担任,具有很高的声望和社会地位。一个人可以兼任几所学校的名誉校长。这一职位主要是象征性的。名誉校长不需常驻学校,也不管理学校日常事务,其主要职责有三项:一是主持每年的校董事会;二是主持学生毕业典礼;三是代表学校参加重大活动。根据大学特许状的规定,英国大学校长是"首席学术和行政官员"。但实际上英国大学的校长更像学者，而不像行政官员。校长可以从校内产生，也可以从校外产生。通常由规划委员会向社会征聘，也可以由个人申请或者由第三方推荐候选人。校长选举过程大概需要一年的时间，必须得到理事会和评议会双方的支持才能上任，任职期限1~10年。校长是评议会主席，也是理事会中学术权力的主要代言人，是评议会和理事会之间主要的联系人。校长的主要责任还包括保证和提高办学效益，保证良好的教学秩序，在制定财政预算时起到主要作用，对本校和外校的各种组织和团体的交流起联络沟通作用。

（4）评议会

评议会直接与学部和系进行接触，拥有制定大学学术政策的权力。评议会通常由大学全体教授、系主任和学校内部选出的一些非教授的教学人员组成，规模为5~200人不等。评议会通常一年举行6~10次会议，通过各种委员会来完成其大部分的工作。

5.2.2.2 英国私立大学的治理经验

尽管英国并非世界上最早的大学教育的发源地，但是受到自由主义经济思想深刻影响的英国大学，发展出非政府的市场化运营模式，这一独特的大学治理结构通过殖民地的传播和移植对后来各国的大学教育都产生了积极的影响。英国大学的法人治理结构通过权力制衡、利益共享的制度设计，一方面为教学和科研提供了宽松的学术环境，充分发挥了教职人员的才能，取得了举世瞩目的成效；另一方面兼顾了诸如社区、教师、家长、学生、校友、慈善机构、政府的利益，进而获取了源源不断的社会资源。多数英国大学都是以独立的法人实体成立，一般注册为慈善团体或其他非营利机构。无论是私立大学还是公立大学，其大部分办学经费的来源均由政府拨款和私人捐赠构成，政府拨款的前提条件是大学遵守教育法规并承担相应的社会责任，私人捐赠则往往要求款项的使用符合特定的捐赠目的。因此，虽然英国大学传统上对学校治理享有无上的自治权，但是在某种程度上仍然要对政府拨款和私人捐赠负责，承担"公益信托"责任，以保证这些资金的使用效率。①

(1) 外部治理机制

作为最早的普通法系国家，英国对适用于大学外部治理方面的法律遵循了判例法和平衡法的传统，其中，以判例法最为庞杂和宏大，教育法规应时势和政策之需要经常修订，数量次之，而法律的数量则基于"议会主权至上"关于不得干涉教育自由之传统而最少。出于历史传统和现实权力制衡的理由，英国政府很少对私立大学进行严密的监管，对私立大学自主享有的不违背公平、正义、平等、自由等自然法要素的自治权，英国的法律、教育法规、判例都承认其宽泛程度较高。

英国大学教育发展历经数个世纪，诸如创立于1168年的牛津大学与创立于1970年的白金汉大学同为世界著名高校。但各个大学的办学资历具有极大的差异性，因此，与之相应的外部治理结构也因当时实施中的法律之不同而存在较大差异。例如，在英国大学的初始设立中，绝大多数私立大学都是在取得枢密院的批准后，根据皇家宪章建立，办学资质最终还要经过参议会以法案的形式加以确认。同时，还有一些私立大学则是通过私人或公共机构向政府或其教育部门提供承担保证责任的方式建立的，而这一类大学的治理结构还要受到大学宪章或章程、议会法案或备忘录的限制。②

英国政府及其教育管理职能部门与私立大学之间的关系，在很大程度上不是执法者与行政相对人之间的行政法律关系，其主要是作为立法机构的执行机构依据议会的财政支出法案，通过对私立大学拨付一般或特定款项与大学发生联系。20世纪以前，信奉最小即最优的英国政府自身的财力以及财政收支法律并不足以让其对私立大学提供较高的拨款，而且这种拨款并非常规且固定的，其本质属性几乎等同于社会各界人士对大学的捐赠。直至20世纪30年代以后，经济大萧

---

① Tapper, T. *The Governance of British Higher Education*: *The Struggle for Policy Control*. Dordrecht: Springer, 2007, p. 23.

② 赵旭明：《民办高校治理研究》，中共中央党校出版社2006年版，第95～96页。

条改变了英国政府对具有准公共物品性质的高等教育的态度,盛行的凯恩斯主义经济学理论强调政府对于市场失灵的强力干预。进而,提供必要的高等教育成了英国政府法定的义务,政府按照年度预算总额的特定比例投入教育才在法律上得到明确授权。此后,政府财政拨款才成为大学教育和科研经费的主要来源。但即使在这种情况下,为了避免违反宪法关于不得干预大学事务的条款,政府也不能以其自身的名义直接向大学拨款,而是通过成立大学拨款委员会这一非政府职能部门的独立机构,由其来论证、决定向某一特定大学拨款的金额和用途。① 这一做法,一方面表明了政府公平对待各个大学的姿态,拨款取决于大学教育和科研之需要,而非与政府的特殊关系;另一方面则保障了学术自由,对政府政策的批评不会受到诸如拨款减少或不予拨款的隐形惩罚。大学拨款委员会由学术界公认的专业人士组成,他们所代表的是大学而非政府的立场,这一立场使得政府拨款不能附带任何指示或限制,大学有权自由使用其取得的拨款。

政府权力的真空处往往由大学自治权占领,这种自治性集中表现在大学的管理机构和管理人员由各大学按照章程自行设定,招生人数、招生条件、教师聘用、专业和课程设置、取得学位标准等都由大学自行确定。

(2) 内部治理机制

在内部治理机制上,一般英国私立大学实行的是董事会领导下的校长负责制。董事会是学校的最高决策机构,其决策非经依照法律有权提出诉讼的代表方起诉并经享有管辖权的法院审判不得撤销。由与大学发展息息相关的各方代表组成董事会,代表的范围、选举程序及组成结构均由大学章程决定,校长是董事会的当然成员,同时是董事会决策和大学日常治理的行政负责人。作为大学的法定代表人,校长对外代表大学,并以大学的名义从事诸如签订合同、校际交流、人事任免、组织调查、分配科研经费等活动。校长向董事会负责,任职期间须每年向董事会汇报工作报告、述职报告、发展规划报告等,并应董事会之要求就特定事项做出解释说明。英国大学内部治理的主要特

---

① 陈列:《市场经济与高等教育》,人民教育出版社1998年版,第73页。

色是行政上的首长制与决策上的民主制。考虑到英国各私立大学的章程对于董事会成员的来源、选举程序、主要职能的约定不尽相同,英国于1988年颁布《教育改革法》,以非强制性规范的方式对董事会成员提出如下规定作为大学章程之参照,目的在于以标准化契约降低章程订立或修订过程中的谈判成本。董事会的成员组成如下:家长董事5名以上,教工董事2名以上,现任校长是当然董事(但在涉及校长自身的事项上不享有表决权),社区人员董事3名以上,政府职能部门的名誉董事和捐赠人推荐的名誉董事等。董事会成员多于13人的一般设董事会正、副主席各1人,而董事会成员少于13人只设董事会主席,不设董事会副主席。董事会主席和董事会副主席均由全体董事通过差额选举方式投票产生。

大学董事会的职责主要有以下几个方面:①对重大事项进行决策。对诸如新设校区、新设部门、大学的合并分立、教学不动产的购置等重要决策进行讨论和表决。②对课程和专业设置是否符合市场需求进行审批。③审查重大合同。董事会有权与教学人员、科研人员、行政管理人员签订以工作成果为条件的激励合同。④管理学生。董事会有权制定大学内涉及学生住宿、学习、考核、实习、学位授予等学生守则。⑤接受社会监督。⑥统筹安排大学经费。其他的事务,则可以由不定期会议在2/3以上董事会成员参与的情况下决策,同时,也可以通过大学章程或特别授权的方式将职权下放给校长。[1]

作为大学的行政负责人,校长由董事会提名并经绝对多数表决通过任命。校长的职责如下:①负责执行董事会的决定,在执行过程中遇有未预期事项报请董事会决定,并将最终的执行情况向董事会做出书面汇报;②负责研究学校发展规划,并将规划呈报董事会;③负责财务监督管理,监督财务负责人依据董事会决定将政府拨款或捐赠人捐款或大学自有资金用于指定事务或分配于必要用途;④负责大学的组织机构,如院系、研究院、各专门委员会等的管理;⑤负责行政管理人员的聘用、任免、惩戒、奖励、处分;⑥负责与学术委员会沟

---

[1] 张斌贤:《现代国家教育管理体制》,上海教育出版社1995年版,第112~113页。

通,就学术问题做出决定,讨论科研经费在各院系、各科研院所的分配;⑦向董事会呈报年度财政收支情况,经董事会审批后,将对其同意的财政预算和其他来源的收入进行管理。

以上分析的是英国大学内部治理结构的一般规律,由于英国大学种类繁多、各大学建立时的制度背景复杂,导致了英国大学在法律地位、治理模式方面存在较多的差异,因而,下文以英国最著名的牛津大学为例,简要介绍其内部治理结构。

【案例二】牛津大学内部治理结构

牛津大学的内部治理结构属于牛津剑桥模式,其法律依据要追溯到1854年颁布的《牛津大学法》(其后又经1871年公布的《考试法》修正)。不同于英国大学中大量存在的"董事会(委托人)—校长(代理人)"模式,在牛津大学,全校教职员大会在大学治理结构中属于最高的权力机构,该权力机构每5年召开一次常规会议,会议议题包括选举名誉校长、校务委员,终身荣誉教职的授予,决定大学章程的修订和解释,大学组织结构的设立和职权范围等。作为牛津大学的法定代表人,享有日常行政执行权的校长由全校教职员大会选举产生,校长每年须向全校教职员大会报告工作。考虑到全校教职员大会这一非常设机构召开会议程序繁复、决策效率不高,另设校务委员会这一机构负责处理学校重大事务,用以对校长权力进行限制。校务委员会由25名委员组成,包括校长、副校长、教务总长、首席财务官在内的7名重要成员构成常务委员无须另行选举,其余18名委员则由全校教职员大会选出。校务委员会提出的议案必须在会议上经由19名以上的委员一致通过方可执行。如果6名以上委员对该议案提出反对意见或放弃表决,该议案就必须提交至全校教职员大会投票表决,并在取得出席大会的3/5以上多数教职员支持的情况下方可通过。因而,牛津大学民主治校的标志之一是全校教职员大会,它绝非是牛津大学民主机制下的花瓶,而是具有实质权力的组织。总体而言,在牛津大学,全体教职员大会类似于营利性公司法人中的股东大会,是牛津大学利益的最终获得者,因而有权决定学校最为重要的事项。而校务委员会则类似于公司中的董事会,是全体教职员大会的代理机构,其行为以教职员的利益为依据。从上面所描述的情况来看,教职员在牛津大学内部治理结构中具有相当重要的地位,他们组成了最高权力机构,选举出执行机构成员并且在大学日常事务中起到了影响表决结果的作用[1],真正实现了教授治校的理想。除此之外,牛津大学还设有总务委员会,隶属于校务委员会,其职责在于对各院系的教学和科研进行管理。总务委员会有21名成员,其中16名成员由各个学院通过差额选举的方式产生,另有5名成员为校务委员会代表。这种人事安排避免了因校级领导的专业背景或工作经历导致的院系之间在大学资源(如经费、人事、招生规模等)分配中的不平等。

牛津大学法人治理结构最具有特色的创新之处有如下几个方面:

(1) 重视大学章程在大学法人治理中的重要意义

在牛津大学治理制度中,大学章程起着核心作用。大学章程规定了政府如何介入、在什么范围和多大程度上介入大学内部治理,规定了社会各界人士在什么范围和多大程度上参与大学治理,大学如何在保持资质、学术自由的同时适应经济、政治、文化发展要求。牛津大学章程是由全校教职员大会依据议会特许状制定,经过枢密院批准的有关学校治理结构、机构设置、职责划分、相互关系、重要治理条例等基本问题的规范性文件。章程对于牛津学校来说居于大学宪法的地位。

(2) 重视发挥教师、学生、家长、捐赠人等核心利益相关者在大学治理结构中的作用

教职员工在牛津大学中的权力与地位较高,而且无论是资深教授还是年轻教师都能在大学教学和科研决策程序中起到重要作用。此外,牛津大学的学生作为大学教育服务最重要的买方,亦有权参与学校的管理,在与学生切身利益密切相关的事务和决策中尤为突出。牛

---

[1] 赵旭明:《民办高校治理研究》,中共中央党校出版社2006年版,第97页。

津大学章程第七章第 12 至 19 条明确规定了在校务委员会、学术委员会及其他一些委员会中学生代表享有特定的席位。学生代表有权参与规章制定,亦有权对教学事务进行决策,这些条款赋予了学生在牛津大学中可以享有的民主权力及其带来的利益,使学生权力在大学治理中的地位得到了保障。

(3) **特殊的副校长权力**

担任牛津大学校长一职的一般是社会威望较高的人士,校长对外作为学校的代表和象征,对内只是发挥权威的作用,其实际上并不直接从事管理事务。而根据牛津大学特许状,副校长才是首席学术及行政官员。副校长对于大学的实质性权力主要包括人事任免权力、学术指导权力和财务处置权力。为了实现副校长创造性的作用,副校长往往需要担任校内各执行委员会成员或主席,参与各类事项之讨论和表决,有权基于适当之理由任免院系领导和教职员工。副校长的学术权力涉及对学生的论文管理、对科研项目的进程管理、对教学专业的设置管理以及对教授岗位的竞争管理等方面。同时,副校长还会对大学的财务决策发生影响,诸如推荐资产管理人、评定借款或信托资产的风险、发行特定债权等。因而,副校长在牛津大学治理中起着最为重要的作用。

5.2.3 日本私立大学治理结构及经验

5.2.3.1 日本私立大学治理结构

日本高校内部管理多数实行评议会领导下的一长制。大学的内部治理结构在公立的研究型大学、公立非研究型大学和学院、私立大学和地方公立大学中都不尽相同。日本大学内部治理是典型的集权模式。这种模式便于加强对全校工作的集中统一领导,有利于提高学校管理工作的效率,但容易产生个人独断专权行为。为了避免这种可能出现的弊端,日本高校都注意发挥在校长主持下的各种咨询、审议或监督机构的作用,如评议会和教授会,它们既是校长的咨询机构,又同时具有审议和一定程度的管理职能。校一级主要的管理权在大学校长、大学评议会或董事会和事务局手中。绝大多数日本大学都是以系作为最基本的组织单位，由系组成学部，学部由一个学部主任和学部理事会进行管理，集体协商做出决策。

（1）校长

校长是日本大学的最高行政负责人，由评议会或教授会提名、文部省任命，私立大学则由学部委员选举，任期为5年。"日本多数的大学，特别是大多数名牌大学，都毫不例外地选举他们自己的学部成员担任校长。这位教授通常都是快到法定退休年龄60岁的。"[①] 在这里需要注意的是，校长只是行政上的最高负责人，负责落实、监督、执行工作。但是他们本身并不具有实质性决策权，真正的决策权掌握在评议会和各级的教授会手中。

校长的主要职责包括：①掌管校务，统辖所属人员，执行评议会的决议；②校务及日常行政、财政等方面事务的裁决权；③在教授及学部主任的选聘及评定审查中起决定作用。大学中通常还设立各种专门委员会，作为校长的咨询机构。

（2）评议会

根据日本《学校教育法》和《大学设置基准》规定，大学审议和决策学校重要事项交由评议会处理。大学评议会由校长、事务局长、学部主任、学生部长、研究所所长等组成，由校长主持，是大学实际上的主要决策机构，有权决定本校一切重大事项。公立大学的评议会是本校最高权力机构。通常，日本大学每月召开一次评议会审议有关重大事项。参加评议会的教授由各学部教授互选，任期两年；校长任评议会会长，主持召开评议会。

评议会的主要职责包括：①审议学校重要事项，选举校长，审议和决定教师的选拔、考核、晋升、进修和退休等事项，任用各类人员；②对教学和学习进行指导，制定校规，确定招生计划、课程设置等；③编制学校各项预算；④统领和监督各学部教授会，协调和联络各学部与行政部门的关系。

私立大学的董事会与公立大学的大学评议会作用相似。董事会除

---

① [加]约翰·范德格拉夫等：《学术权力——七国高等教育管理体制的比较》，浙江教育出版社2001年版，第140页。

了大学学部的成员外还包括社会上的校友等，但是他们在学校内部一般不被赋予太大的决策权力。

(3) 事务局

事务局是协调和组织全校行政事务的机构，直接对校长负责。管理上同样也必须接受文部省和教授会的双重领导。事务局下设总务部、经理部、校务部、研究部、学生部、医务部、图书馆部、设备部等。部下面设科，科下设室，均实行垂直领导。

(4) 教授会

日本大学的学术管理实行的是内行领导，学校一级和各学院均有教授会组织。日本大学中通常设有学部。一般大学在学部一级也设教授评议会，也有的在校一级设教授评议会。学部主任主持学部的教授会。学部主任由学部中的教授轮流担任，主要负责处理学部事务。学部级的教授会通常由学部主任和各学科的 1～2 名教授组成。

教授会的主要职责是：①制定本学部发展规划；②讨论决定教学和科研方针、教员人事事务、课程设置、招生工作等与教学和科研有关的事项；③选举学部主任，主管所属学部的学术、行政等方面事务，并作为校评议会的成员参加学校重大问题的审议；④审议和提出本学部预算。

5.2.3.2　日本私立大学的治理经验

作为大陆法系国家的代表，不同于德国大学发展中形成的公立或国立大学的垄断地位，日本的私立高等教育发展极为充分。早在明治时期，日本各地方基于改革之迫切需要就产生了私立大学，但天皇权威映射下的日本政府对这些私立大学的教育资格、财产权利的归属长期不给予法律上的正式认可。直至日本政府于 1918 年颁布施行《日本大学令》之后，早稻田大学和庆应义塾大学等八所办学历史悠久、办学质量良好的私立大学方才得到法律认可，从而具备与公立大学或国立大学同等的法律地位。此后，在立足于科教兴国的日本，私立大学得到了迅猛发展，1923 年私立大学的院校数量和在校生人数都已超过公立大学。截至 1969 年，私立大学在校生的比例已经很高，四年制大学为 75%，短期大学为 90%，私立大学成为日本高等教育发展的生力军。① 自20世纪70年代以来，日本私立大学数量及其在校生数始终占该国高校总数及学生总数的70%以上。私立高等教育的跨世纪、超常规发展，在很大程度上提高了日本国民素质，促进了日本高等教育的大众化。

(1) **外部治理机制**

日本是典型的法治国家，但不同于英美两国，其法律多以成文法的形式表现出来，而日本数世纪的君主立宪的政体和救国存亡的迫切需求，导致了日本政府对于大学的行政控制程度远远高于英美大学。即便是对于私立大学，日本政府也制定了诸多法律要求其服务于国家经济建设之大局，如《私立学校法》《私立学校法施行令》《私立学校法施行细则》《私立学校振兴助成法》《私立学校振兴助成法施行令》等。这些法令对私立大学的法人主体地位、设立登记程序、政府行政管理模式、学校内部的财务管理、学生招生就业管理等各个方面做出了详细的规定。②

值得注意的是，当代日本教育行政管理政治体制已经完成了由监督命令型向指导服务型的转变。相对于英美两国的教育行政管理部门而言，日本文部省的职权范围相当宽泛。但是这并非意味着文部省可以支配一切大学管理的方方面面，它只能在法律或行政法规授权的范围内管理高等教育。文部省对于私立大学的管理权限主要有四项：①通过行政许可、行政审批手段对私立学校的设置、课程专业的认可、学校教职岗位的设定进行管理控制；②通过组织调研、询问、要求回函等手段获取私立大学关于教学、科研的统计信息；③通过行政处罚、行政禁令的手段对违反法律、法规和行政命令的私立大学及其直接责任人员进行处分；④通过政府拨款方式协助地方私立大学更好地完成教育目标。

(2) **内部治理机制**

就私立大学的内部治理结构而言，理事会是最高权力机构，决定

---

① 陈永明：《当代日本私立学校》，山西教育出版社1996年版，第23页。
② 王军：《日本私立学校与法制》，载《外国教育研究》1996年第1期，第16~20页。

了大学法人的意志。根据《私立学校法》《私立学校法施行令》《私立学校法施行细则》之规定，理事会由以校长为首的校方和出资方的代表共5人以上组成，理事人选和任免依照章程。理事除校长、出资方代表外还可以在学术权威、教职员工、大学创建中有突出贡献者，社会知名人士，教育界人士，宗教界人士中选举产生。理事会设置理事长一职，全面主持理事会的工作，负责召集理事会会议、主持表决理事会决议。理事会的性质类似于有限责任公司的董事会，主要负责学校的经营管理工作，掌管学校的人事、财政、教学科研大权。此外，为了防止理事会独断专行给私立大学的发展造成不可挽回的损害，《私立学校法》还规定无论私立大学章程中是否有规定，私立大学必须有2名以上的监事，负责监督学校法人财产的使用情况、理事职责的履行情况、理事会决议的合法性状况，以及行政人员履行职责的情况。当监事在履行监督职能的过程中发现严重问题时有权建议理事长召开评议会以纠正不当或违法行为，并有权要求责任人对因此造成的损失承担赔偿责任。

评议会是私立大学的咨询机构，亦是《私立学校法》规定的必设机构。根据法律之规定，评议员数量至少是理事人数的两倍以上，评议员由教职员工代表、毕业生代表以及与该学校理事会成员没有利益关系的社会知名人士组成。评议会会议由理事长负责召集，若理事长怠于召集评议会会议，则由1/3以上多数评议员召集。理事长在涉及大学预算收支，重大教学资产处置，融资，学校法人合并、分离、解散等重要事项上应首先听取评议会的意见。以大阪工业大学为例，其理事会有13名理事，理事会成员背景如下：校长在任职期间是理事会的当然理事，两名理事由评议会成员互相推荐产生，其他理事系教职工、院系负责人、社会知名人士经评议会同意后担任。理事会包含大量与学校存在利害关系的理事。通过这种制度设计，保障了评议会对理事会加以制衡、监督的独立地位。

上述的理事会以及监事和评议会是日本高校法人代表的最高权力机构。大学内部的行政执行机构，是以校长办公会、教授学术会、学科部长联席会为中心的。私立大学的校长由教授会提名、理事会任命，其任期一般为5年，可以连选连任。校长主要负责组织教学、科研和一般的行政事务工作。校长对学校的管理是通过与学科部长联席会议和教授会的配合进行的。

以上分析的是日本大学内部治理结构的一般规律，下文以日本最著名的私立大学早稻田大学为例，简要介绍其内部治理结构。

【案例三】早稻田大学内部治理结构

早稻田大学创始于1882年，其领导体制经历了校长负责制和学长负责制——总长负责和学长负责制——总长负责制的演变过程。现在的早稻田大学则是总长、校长合一制。学校的最高权力机关为理事会，理事会成员由总长、副总长及财团代表共13人组成，通过召开理事会会议的方式商讨决定学校重大事宜。同时，与理事会平行且在学术事务中享有最高权限的是由教授组成的评议会，共有119名评议员。此后，为保护教职员工及各界校友之利益，早稻田大学另设全体教职工委员会，其成员由全校职工和校友代表共同组成。此外，早稻田大学还设有监事两人。

上述委员会和监事的职责是从学术、教学、财产管理、发展方向等方面对理事会决策进行讨论、评议，保证其有效执行，并在执行过程中依据反馈情况不断提出修改意见和积极建议。上述机构均在《私立学校法》和《早稻田大学章程》规范之下运行。

早稻田大学法人治理结构最值得借鉴之处有如下几个方面：

(1) **章程在早稻田大学治理中起决定性作用**

早稻田大学在遵守《私立学校法》强制性规定的前提下，享有完全的自主管理权，其权力来源和权力行使程序皆依据章程而定。早稻田大学章程还有如下详尽规定：①规定学校法人设总长一职管理学校各院系及有关委员会的各项行政事务，全权执行理事会之决议。总长人选是在评议会推荐的基础上由理事会选任，其任期为三年，可以连选连任，总长因任何原因不能履行或怠于履行其职责时，由理事会代行其职务或决定代行其职务的人。②规定学校法人理事会理事人数。早稻田大学共有理事13人。当理事成员因个人原因不能履行职务时，理事会补选出相应数量的理事，这些理事的任期为前任未完成的任期。当理事违反法律规定、违反章程约定、违反对早稻田大学的信托义务致使学校利益遭受损害时,经临时理事会会议议决,该理事被解任。理事长履行职务期间,全权管理学校法人内外部之重大事务。理事会有权决定法人的业务,理事会定期由理事长召集,每月召开一次,理事长或1/3以上理事认为确有必要可以召集临时理事会,对临时议案进行表决。③评议会。评议员从早稻田大学的现任教职员工中选举12人、从早稻田大学毕业生中选举5人、从与早稻田大学有捐赠关系或有学识经验的社会知名人士中选举10人组成;评议会设议长和副议长,由评议员互相推荐选举产生;评议会于每年2月、5月、10月召开定期例会,经议长召集或1/3以上评议员召集,可以召开临时评议会,对临时议案进行讨论和表决;必须经由评议会议决的事项有预算及重大教学财产的处理、预算外借款的取得、学校重大教学和科研方针的变更等等。

（2）设立监事制度

《私立学校法》明文规定学校必须有两名以上的监事,负责监察学校法人的财产状况、学校教职和管理人员的行为规范以及理事职责的履行情况。因而,《早稻田大学章程》亦对监事制度作有如下规定:①早稻田大学设立监事2～3人。②监事由评议会从早稻田大学的理事、总长之外的教职员工中选任,任期为5年,可以连选连任。③监事缺员1人以上时,应在一个月内进行补选,该补选监事的任期为其前任未完成的任期。④监事有权出席理事会,听取理事会的讨论并陈述意见。⑤监事的职责有监察学校的财产状况、监督理事会及理事履行职责的状况、监督学校行政人员履行行政职权的情况。当发现早稻田大学的财产状况发生恶化或理事会、理事及行政管理人员的行为不当时有权向评议会报告。

5.2.4 法国大学治理结构

法国是个教育行政集权制的国家,高等学校实行校务委员会领导下的校长负责制。大学内部的管理机构中,最高审议机关是校务委员会。校长主持校务委员会、校科学委员会、校学习和生活委员会,执行校务方面的决策。科学委员会和学习与生活委员会有权提出建议或者意见,并且可以形成提案。各管理机构分工明确,行政机构和学术机构各司其职，在统一指导下，履行各自的责任。但是，总的来说，在政策方面，校长和他的行政机构有一定的主动权。

(1) **校长**

校长是校务委员会、科学委员会以及学习和生活委员会的总负责人，一般是该校的教授，经评议会 2/3 的成员表决任命，任期五年，不得连任。如选出的校长不是教授，须报请全国高等教育与科学研究理事会同意，教育部长批准。

校长的主要职责包括：①代表学校签订合同和协议；②调动学校各个部门的人员；③安排学校的开支和预算；④任命考试委员会的成员；⑤维护学校的秩序。

校务委员会、科学委员会、学习和生活委员会的副主席、学校秘书长、系主任负责协助校长的工作。副校长必须得到校长的支持才能当选。对于学校的学术和科研工作以及一些日常事务，校长可以委托他们进行处理。

(2) **校务委员会**

校务委员会是大学的决策机关。主席是校长。根据法国《高等教育法》规定，校务委员会由教授、行政人员、学生、科研人员和校外人士组成。校务委员会由 30～60 人组成，以本校职工为主体，其中教授和研究员占 40%～50%，校外人士占 20%～30%，学生代表占 20%～25%，行政人员占 10%～15%。

校务委员会的主要职责包括：①表决和批准学校的预算和决算；②审议学校与外界签订的各类合同内容；③在大学教学和科研政策上，听取科学委员会的建议。

(3) **科学委员会**

科学委员会是就学校的科研政策、科研经费分派的工作向学校提供建议的咨询机关。一般拥有 20～40 名成员，其中教学、科研人员占 60%～80%，研究生代表占 7.5%～12.5%，校外机构或其他学校教学科研人员占 10%～20%。

科学委员会的主要职责包括：①就学校科研方向、政策、科研成果、经费分配原则等问题向校务委员提供意见；②对调入教师、研究员的业务能力提供咨询性意见；③就基础教育与继续教育的计划提出咨询性意见；④就增设学校文凭的提案提供咨询性意见；⑤协调学校教学和科研的关系。

（4）学习与生活委员会

学习与生活委员会是学生组织的支持者与指导者。通常由20～40名成员组成，教师与学生的代表占75%～80%，行政人员占10%～15%。校外知名人士占10%～15%，学习与生活委员会的主要职责包括：①给出专业发展计划；②指导学生的学习、生活以及就业；③改善学生的生活和学习条件；④协助学生开展文化和体育活动；⑤负责学校后勤、医疗等设备的维护与补充。

在学术上设立主要由教授把关的咨询委员会，参与高等学校的未来学术方向发展等决议的制定。

5.2.5 德国大学治理结构

德国大学被称为"正教授大学"，高等学校学术权力很强，教授占主导地位。这不仅体现在学校一级，还体现在学部及讲座一级上。德国在教育管理上实行分权制度，各州在文化教育方面享有很大的自主权。德国的大学管理体制是根据《大学大纲法》以及各个州大学法的基本精神，再由各个大学制定的校章来设定的。

德国高等学校内部管理体制也不尽相同，有校长负责制、校务委员会负责制、总长制以及总长委员会制。1985年以后，《大学大纲法》将实行校长制还是实行总长制的规定权委托给各个州负责。高等学校设有大评议会和评议会作为高等学校的最高权力机构，均衡行使学术权力和行政权力，主要任务是选举校长和批准学校章程。校长执行评议会的决议。

（1）校长、总长

校长或总长都是专职的，作为行政最高负责人具有相当大的权力，这种权力主要体现在对学校的一般管理上。主要包括负责学校日常教育工作、维护学校秩序、执行国家课程标准、选择教材、安排教师的教学任务、帮助教师提高课堂教学质量，等等。校长主要从本校大学教授中选出，也有个别从外单位聘任的，由州政府任命，任期为2～4年。校长的人选一般须具有博士学位和研究、管理以及法律经验，由副校长和事务长协助工作。总长则由大评议会选举产生，不必一定是教授或者本校的职员，其任期相对长，为6～9年，由副总长和事务长协助工作。不论是校长或者总长，其任用都是由大评议会进行的。

校长同时是大评议会和评议会的主持人，负责执行评议会的决议，并且有权否决评议会的决议。当校长认为全校或系的各机关形成的措施或者决议有悖于国家法令的时候，可以提出异议以延缓执行。在紧急状态下，校长也可以采取一定临时措施。

(2) **评议会、大评议会**

德国大学的评议会是大学内部的最高领导机关。评议会成员一般来自教授、助教、职员代表和学生。大学的许多决策和执法工作由评议会主持。评议会负责制定学校的一切法令、规定，选举正副校长并接受和审议校长年终报告。学校人员的任免和校务会的决议需要先征求评议会的意见。评议会为了更好地做出决议，通常要下设教育研究委员会那样的专门委员会。

大多数大学还设有大评议会，大评议会由全体正教授和其他教学人员的代表组成。大评议会唯一重要的职能是选举校长。根据1976年颁布的《大学法》，评议会和大评议会采取了所谓的三者均衡代表制，一方面强化以校长为中心的执行体制，另一方面行使对校级管理机关的监督和控制职能。

(3) **专业会议及专业负责人**

根据《大学法》，专业代替学部成为大学的研究以及教学的基本组织单位，继承传统的学部的权限和职能。专业负责人与过去的学部长责任相似。专业会议是它权限范围内所有事务的决议机关。

5.3 国外高校治理经验及对我国独立学院治理的启示

虽然我国的现实情况与国外有所不同，但从民办私立高校发展的内在规律看，却具有很多共同的属性和特点。因此，以上列举的几个国家在私立高校法人治理上的做法及经验值得我们借鉴。无论是外部治理结构还是内部治理结构，都对我国独立学院的发展具有重要的启示意义。

5.3.1 国外高校的治理经验

5.3.1.1 外部治理经验

（1）实行大学自治，保证学校独立法人地位

大学作为法人机构，应当独立地决定自身的目标和重点，并将其付诸实施。大学与政府不存在行政上的隶属关系，大学不受政府、教会或其他法人机构的干预。上述国家政府参与大学治理的重要方式是通过制定法律法规并由政府派出代表参与校董事会来参与学校各项事务的决策，如评议、通过大学的年度报告和财务报告，以及任命校长等事务。与国外私立大学自治首先表现为如何正确处理政府与大学之间的关系不同，我国独立学院要实行大学自治应当首先理顺举办高校、社会投资方与独立学院的关系，改变现有"校中校"模式的公办高校控制模式以及"公办高校+社会投资方"的两权博弈的模式。要为独立学院塑造良好健康的自由环境，保证独立学院法人地位的真正落实。

（2）重视法律法规的健全和完善

以上国家在规范、扶持私立高校发展方面是十分重视法律法规的健全和完善的。其基本法律与配套法规的健全完善是值得我国独立学院借鉴和学习的。以上国家私立高校的发展是有法可依、有章可循的。他们对于私立高校的地位、私立高校的自治权是在法律上有明确规定并有充分保障的，同时对于一些细节的问题都有相应法律规定，如法人设立、组织变更以及政府权限等。与此相比，我国独立学院的相关法制建设相对滞后，虽然有《民办教育法》《关于规范并加强普通高校以新的机制和模式试办独立学院管理的若干意见》以及《独立学院设置与管理办法》，但总体而言还不够健全，诸如独立学院的法人属性、产权归属、合理回报等问题都缺乏可操作性的法律性规定。鉴于此，我国必须加快独立学院相关法制建设的步伐，为独立学院的健康有序发展创设了一个良好的法制和政策环境。

5.3.1.2 内部治理经验

(1) 重视内部利益相关者

以上国家私立大学在内部治理上体现出的民主管理和多方治理是值得我们借鉴和学习的。民主管理体现为,重视教授会、评议会等组织机构,充分发挥其咨询、审议或监督的作用;多方治理体现为,重视利益相关者参与决策和管理,治理机构包括董(理)事会、评议会和教授会等。同时,在人员组成上重视人员来源的广泛性和代表性,无论是董(理)事会成员、评议会成员或是教授会成员。

(2) 重视外部利益相关者及校外权力的决定作用

现代意义上的大学的发展离不开国家和社会的支持。如英国大学的校务委员会、理事会和美国大学的董事会,它们是大学的最高权力机构,成员大多为校外人士,包括地方官员、社会贤达、企业家等,负责确定大学的大政方针、选举校长、任命教授和行政人员、筹划经费、制定规划、处理学校的重大事宜等等。这样,大学能够保持与社会的联系,获得社会的支持,也可以保持学校工作的稳定性和连续性。

现阶段,我国独立学院的决策机构组成人员来源比较单一,明显缺乏广泛性和代表性,在"校中校"的模式中基本上是直接由公办高校党委领导,在"公办高校投资方"的模式中主要由公办高校及投资方两方参与。这两种结构都是不合理的。比如,在学校的运行发展过程中,很难听到类似教职工、学生等利益相关者的意见。因此,应当借鉴国外私立大学的经验,丰富治理主体成员结构,实现多方共同治理,从而更加保证学校决策的科学性。在内部治理方面,我国独立学院还存在一个突出的问题,就是缺乏有效的监督与制衡。很多独立学院内部权力高度集中在董事长一人身上,校长的独立性不强,而且内部监督机构也很少有独立学院设置。因此,应当借鉴国外私立大学的经验,尽快建立起完善的内部权力制衡机制,实现管理民主化、科学化。

5.3.2 国外高校的治理对我国独立学院的启示

5.3.2.1 尊重学校利益相关者的利益，实行共同治理

国外大学的董事会或评议会或校务委员会的组成人员均是由大学各利益相关者组成，充分发挥民主决策的优势。这些机构注意协调各利益相关者的利益，共享决策和管理。外部治理主体中的社会贤达、教育家、著名企业家参与最高权力机构决策，为大学的筹资和社会参与提供了很好的途径。内部治理主体中的教师和学生等利益相关者通过大学执行机构中的各种委员会，如教授会、学习和生活委员会、评议会等组织机构来参与大学事务的决策和执行，这给我们独立学院治理结构的启示在于：在董事会的人员组成上应该充分考虑各利益相关者的要求，并要从法律法规和学校章程上予以确认。

5.3.2.2 行政权力与学术权力分离，注重学术权力

上述国家的大学内部治理都很重视学术权力与行政权力之间的相互协调，权力主体呈多元化。学术管理和行政管理分别由两套不同的系统中的机构和人员来运作。二者相分离，各司其职、共同管理。体制上大都实行评议会或理事会领导下的校长或总长负责制这种比较科学民主的参与决策方式，行使行政权力的机构吸收教授的参加，行使学术权力的机构也适当吸收行政人员的加入，这样有利于学术权力与行政权力协调统一。

5.3.2.3 对校长要求较高，选任和制衡机制严格

一是选拔校长比较强调民主选举，主要在校内进行选举，政府任命校长只是一个形式，学校的民主选举占据主导地位；二是由于大学的社会职能日趋复杂，对校长的任职条件和基本素质要求越来越高，而且选拔过程趋于复杂；三是大学校长的权力很大，在很大程度上可以决定大学经营方式；四是大学校长职业化进程很快，大多数国外的大学校长职位都是通过向社会公开选聘，增加透明度，这样也可以很好地制约校长滥用职权的现象；五是通过采用会议制和个人负责制相

互结合的方法来确保大学的内部治理结构更加稳定，决策更加公平和有效。由于我国大学校长职业化进程缓慢，独立学院的校长是由母体高校推荐，由独立学院董事会选任。这样有可能使校长在某种程度上会更多地代表母体高校的意愿而不利于独立学院的发展。

5.3.2.4 政府下放权力，在经费和法律法规上加以宏观调控

国外政府对大学的管理从微观管理转变为宏观调控，主要在经费和法律法规上加以控制和规范，而不是行政干预。不管是私立大学还是公立大学，政府都以大量的财政资金加以支持，并且逐步完善各大学的法律地位，给予大学充分的办学自主权。

5.3.2.5 引入第三方评估机构，为办学质量保驾护航

一是政府在法律上保证社会机构参与学校治理，下放一定的职权，让其承担更多的责任，并给予一定的收益；二是发展多层次的评估机构，改变单一政府参与学校治理的局面；三是对这些机构进行鉴定和发放许可证书，保证其合法性和权威性。

第6章　广东省独立学院健康发展的现实选择

6.1　完善广东省独立学院内部治理的对策和建议

6.1.1　完善独立学院内部治理需要具备的前提条件

6.1.1.1　着眼于独立学院的规范和可持续发展，转变思想观念

回顾广东省独立学院的发展历程，独立学院的内部治理是一个逐步完善的过程。独立学院作为一个典型的利益相关者组织，内部治理就如同一个"生态共同体"（或生态系统），各个利益相关者相互支持，共同发展。这就要求独立学院转变过去陈旧的观点，关注所有利益相关者的需求和权利，以独立学院和利益相关者的整体利益最大化为目标，创新独立学院的办学理念、组织体制、管理体制和管理制度，因此，运用利益相关者的思想和理念去构建独立学院的治理结构，对于独立学院的发展具有重要的现实意义。

从内部治理意义上来说，独立学院实际上是各种人力资本与非人力资本的关系契约，它作为一个非营利性组织，终极目标就是培养人才、促进人力资本增值、实现社会效益最大化。独立学院内部治理结构的各个利益相关者，如举办者、教师团体与学生，都希望独立学院在制定战略决策时可以优先考虑他们的利益，以便实现他们的目标。但这些利益相关者的利益以及他们所关心的热点问题存在很大差别，有时甚至相互矛盾，这些矛盾与冲突是不可避免的，所以在对待这些问题上，独立学院必须采取协调均衡的办法。以利益相关者治理理论为指导，来协调各利益主体之间的关系，对于促进独立学院的发展也

具有重大意义。

6.1.1.2　明确独立学院的办学目标和定位

独立学院要构建完善的内部治理结构,首先就必须明确自身的办学目标与定位,达成为各个利益相关者所普遍认可的共同愿景和价值观,并在此基础上明确学校的长远奋斗目标。一方面,独立学院要牢记自身的公益性质,宗旨是培养人才,满足社会公共利益的需求,而不是以营利作为办学目标,但是由于独立学院的物质投资主体不是政府,而是社会组织或个人等社会力量,所以其资本又有其天然的逐利性。因此,独立学院作为公益性与营利性的矛盾统一体,在构建其治理结构的过程中,应做到以公益性为主,营利性为辅。另一方面,教育部的 26 号令明确规定独立学院的办学目标是综合的、全方位的,要求独立学院的发展重点放在办学质量的提高上。作为广东省的独立学院,应该利用其沿海地区的优势,以特色办学为发展途径,明确自身的特色定位。在发展过程中,必须通过科学合理的治理来实现这些办学目标。所以,在完善独立学院内部治理的过程中,必须体现这些办学目标。

6.1.1.3　建立明晰的产权关系

独立学院从产生之初,其相关的法律法规就不是很健全。此外,由于独立学院产生的复杂背景及独立学院的多样类型,也使独立学院与各个利益相关者之间的法律关系难以得到规范化,处于一种复杂和模糊的关系。然而,从独立学院的健康发展的角度来看,规范和完善独立学院的法律法规及其相应的法律关系是保证其健康发展的最有效手段。独立学院生存和发展的前提与基础就是要明确独立学院的法律地位。对于发展中的广东省的独立学院来说,完善其内部治理的重中之重就是要明确独立学院与各利益相关者主体之间的法律关系。按照权责对等的原则,在法律法规上明确规定各个利益相关者主体之间的权、责、利,才能从根本上促使各个利益主体更好地参与到独立学院的治理中。

各个利益相关者对独立学院的占有、使用、收益和处分时的权利配置就是独立学院的产权。但就目前而言,独立学院的产权关系存在着很多问题,如产权要素重组不对称、部分产权要素主体虚设等。这种模糊的产权关系使独立学院各个利益主体的权利和义务都不明确,导致其无法形成有效的约束机制。所以,当前独立学院制度建设的重要内容就是要科学界定独立学院各个利益主体的产权关系,使其明晰化。从独立学院的法人治理结构来看,明晰产权也是为了理清各个利益主体的分配关系或是其他权利和义务关系①。

6.1.2 完善独立学院内部治理过程中应遵循的原则

6.1.2.1 明确各利益相关者职责与权利的原则

作为与独立学院内部治理息息相关的各利益相关者,在完善独立学院的内部治理过程中发挥着重要的作用②。董事会作为独立学院的决策机构,为了保证它能正确履行职能,有效发挥其作用,就必须明确其职责范围,划定它的权利边界。从相关的法律法规来看,对校董事会的职权主要从两个方面做了明确规定:一个是决策作用,一个是监督执行,但是无法起到实质作用。从教师权力来看,作为教师,对其职责和权利的明确有利于教学和学术工作的开展,但在师资队伍复杂的独立学院,教师的一些基本权利都无法得到明确规定,所以教学工作难以取得突破的进展,而学术权利更是难以得到保障;作为独立学院的学生,付出昂贵的学费,虽然在某些方面学校赋予了学生一些权利,但对学生权利明确的规定文件却没有,所以忽视学生权利的现象比比皆是,如对教学质量的反馈,虽然学校接受学生的意见,但是否尊重学生的权利,提高教学质量呢?要构建独立学院健康的治理结构,首先就必须明确各利益相关者的职责与权利,在明晰的职权范围内,各个利益相关者各司其职,各自运用自身的权利来保障合理的利

---

① 王建平:《独立学院治理结构研究》,南昌大学硕士学位论文,2007年。
② 刘镇秀:《利益相关者视角下的独立学院治理结构研究》,青岛大学硕士学位论文,2009年。

益，使得治理结构有效运行。

6.1.2.2　强调各利益相关者权利分治及相互制衡的原则

从广东省独立学院治理结构的模式发展过程来看，独立学院越来越重视权力的分治。完善的治理结构，一般都包括决策系统、执行系统以及监督系统，三者形成各自独立、权责明确、相互制衡的关系①。在这一结构中，独立学院的投资举办者将自己的资产交由学校董事会托管；学校董事会是学校的决策机构，对学校的重大事务有相关的决定权；教师和管理人员受聘于学校，组成学校的教学及研究队伍，在学校给予的权力范围内进行教学及研究；而学校的监事会则独立负责对董事会以及相关领导班子的行为进行监督。在完善独立学院的内部治理时，应重视到这一原则，建立起健全的决策、执行和监督机制，保障独立学院的健康运行和良性发展。

6.1.2.3　坚持各利益相关者自律与他律相结合的原则

完善独立学院的内部治理时，规范各个利益相关者的行为是至关重要的，自律与他律这两者都是不可或缺的。从自律的角度来看，独立学院的各利益相关者相较于其他组织具有更高的自觉性和更强的自我约束力，所以在完善内部治理的过程中，自律的作用尤为突出。但他律也不能忽视，他律是通过法律法规、规章制度以及外部环境的制约来建立纪律约束，他律对于各利益相关者来说，能从不同的角度形成对其的监督和制约。所以，独立学院除了内部建立约束各利益主体行为的规章制度以及监督机构之外，还应该重视外部的力量约束，如社会中介机构以及政府等对其内部治理结构的有效监管，这不仅是必要的，而且是可行的。

6.1.3　完善独立学院内部治理的措施

从各利益相关者治理理论的视角出发，独立学院的治理模式的发

---

①　董圣足：《民办院校良治之道——我国民办高校法人治理问题研究》，教育科学出版社2010年版。

展正是要从以某一个利益主体为主导的单边治理转变成多个不同利益主体的共同治理。转换成共同治理的过程不是简单的。对于共同治理模式来说，其构建元素包括了三个方面，即利益主体结构、权利配置结构和权力制衡机制①。而作为核心利益相关者的董事会成员、教师、学生与共同治理模式的构建元素息息相关，所以针对这三大群体提出的相关措施有利于独立学院内部治理的完善。

6.1.3.1 建立健全的独立学院董事会制度

从前面的调查研究可以看到，广东省独立学院虽然大部分都成立了相关的董事会，但在实际运作中问题重重，所以结合广东省独立学院的办学特点以及借鉴国外私立高校董事会制度建设的做法和经验，笔者认为，建立健全广东省独立学院的董事会制度，需要注意以下几点：

（1）董事会的组成人员需要合理化安排

董事会作为独立学院的决策机构，其决策的民主化、科学化都与董事会组成人员的合理化相关，同时为了保证各利益相关者的权益，推进多方共同治理，这也是必须之选。从组成人员的规定上来看，《民办教育促进法》虽然对此进行过规定，但是过于原则和笼统，对各方代表的比例没有具体规定，导致独立学院的董事会权利经常过于集中，使董事会的设立形同虚设。

从国外高校的做法可以看到国外很多高校的董事会人员的构成是多样化的。在1985年美国私立高校的一项调查中显示，董事会中教师的代表占3.5%，校内管理人员占1.3%，律师和法官占5.9%，牧师占14.3%，工商界名流占了37%以上②。这些都显示这些私立高校的董事会成员来自社会广泛的范围和更多样性的职业。借鉴美国私立高校的成功做法，国内学者也提出我国民办高校董事会应当包含的

---

① 洪源渤：《共同治理——论大学法人治理结构》，科学出版社2010年版。

② 刘宝存：《美国私立高等学校董事会制度评析》，载《比较教育研究》2000年第5期，第43~47页。

成员，结合广东省独立学院的实际情况，独立学院的董事会成员应该包括：①申请者或其代表。由于独立学院的申请者即母体高校，是具有一定名声和影响力的高校，如华南师范大学、中山大学等，所以在董事会中的代表主要负责借鉴母体高校的办学经验，利用优势资源来保证独立学院的正确办学方向。②合作者或其代表。对于广东省独立学院来说，合作者大部分是企业组织，也有地方政府。由于合作者大部分只是对学院进行资金和硬件的投入，而且代表成员不太懂得教育规律，对教育教学不是很熟悉，所以其主要职责就是筹措学院的教育经费而且对其使用进行监控，保障资金正常运转，学校正常运行。③学校党委组织负责人。虽然独立学院实行的是董事会领导下的校长负责制，但学校党委组织仍然是学校正确方向的保障。④教职工以及学生代表。教师为学校教学任务的主要承担者，反映广大教育者的利益诉求，而学生也有权反映自身的合法权益。⑤社会专业人士。独立学院与社会发展密切相关，社会专业人士可以为学校的改革和发展提供宝贵的决策咨询意见。从目前广东省独立学院的董事会成员组成来看，教职工和学生等利益相关者的代表很缺乏，需要通过一些强制性措施对这方面进行加强，保证他们的合理诉求和合法利益能够在学校的最高决策层面得到反映和体现。增加来自外部的专业人士可以起到很好的作用。因为目前董事会内来自高校内部人员的专业性不够强，决策信息也不够充分，而增加来自外部的专业人士可以弥补这方面的缺陷。

（2）董事会的职责需要明确划分

从目前广东省独立学院的董事会职责范围来看，虽然有国家的相关法律法规对其进行规范和制约，但实际运作中董事会与校长职责混淆不清，董事会越权干预学校政务，学校管理因此出现问题；董事会下的领导班子与董事会权利边界模糊，对董事会会议决议执行方面，校长执行不力，造成董事会意图无法得到贯彻；等等，这些问题的解决都需要制定和修改学校章程，明确董事会的职责范围，严格按照法律和规章办事。

处理好董事会与校长之间的权责关系，是解决当前许多独立学院内部管理问题的关键所在。作为董事会，要明确自身的主要职责在于决策拍板，而不应该插手学校的微观管理事务；以校长为中心的学校领导班子应该主要负责学校内部教育教学和行政管理等活动。这样，才能使决策更加专业化，决策效率才能提高。在大部分独立学院中，出现了董事会与校长职务集中于一人身上的现象，这样更难划清权力界限，难以展开学校的工作，对于这种现象，应该加以调整。

(3) 董事会需要建立激励和约束制度

广东省独立学院的董事会从目前的情况来看，并没有建立相关的激励和约束制度，但作为学院重要的决策机构，董事会的工作效率和成果极大地影响着学校的工作，因此需要健全董事会成员的激励和约束机制。

董事会成员来自各个部门，如果要吸引优秀人才加入董事会，对董事会的工作起到至关重要的作用，相应的激励制度是必要的。特别是作为董事会最主要的董事，学校良好的运行需要其付出和努力，所以在独立学院中建立合理的董事薪酬制度是必要的。但作为公益性组织的董事会，应该对其报酬标准加以某种程度的限制，具体的董事薪酬计付方法应该由独立学院董事会根据自身情况做出规定。而董事会也应该从制度层面对董事的应尽义务做出相应规定，规范董事的行为，使其符合组织的服务宗旨和价值目标。

6.1.3.2 建立教师参与独立学院治理的路径

(1) 健全学术机构与组织，完善学术制度建设，保障教师的学术权利

从广东省独立学院的学术组织机构的建立来看，部分学校也建立了一系列的组织机构，但从组织机构实际运行的角度来看，这些学术组织并没有发挥其应有的功效和职能。造成这种局面一方面是因为国家缺乏相关的法律对其进行规定，另一方面也是因为独立学院本身缺乏对学术组织机构管理方式和运行规则的制度规范。所以应当建立健全的规章制度，对各个组织机构的职责权限、议事程序、议事规则、成员组成方式等内容做出相应的规定。独立学院的组织机构内，成员构成不科学、不专业，大部分都是由行政人员组成，带有很强的行政色彩，这样的组织机构不能给教师的学术权力提供可靠的保障。所

以，在学术组织机构的成员选择方面，应当让那些有水平的学者、教授或学科带头人参与，而且学术组织机构成员的行政领导比例应当减少，以保证学术组织的纯正性，也可以提高决策的权威性。

（2）建立多种渠道，保证教师参与到学校的管理中

目前，大部分独立学院的教师除了对学校教学事务重视、熟悉以外，对学校的其他管理事务都表现得"漠不关心"，导致这种现象的重要原因是，学校没有提供多种参与渠道给教师，每年召开的教师代表大会也只是流于形式，董事会更是很少吸收普通的教师作为成员参与其中，使教师参与意识更为淡薄。而这些参与渠道应该围绕两个中心——"决策"和"监督"来建立。首先，从决策角度来说，应当鼓励教师参与学校决策问题的讨论，特别是在决定一些与教师密切相关的事务时，应该听取教师的意见；董事会等决策机构就学校的重大事项做决策时，应该征求教师代表的意见。其次，应当建立教师代表监督决策制度，将座谈会、校长信箱及领导接待日等方式纳入"教师决策监督员"工作职责范围内，而且对教代会的提案、意见和建议的落实情况也应当进行监督，然后在教代会上宣布。

6.1.3.3 建立学生参与独立学院治理的路径

从广东省独立学院的学生权利调查可以看到，学生在学校管理方面的参与权落实情况非常差。学生作为学校的主体，是学校各方面发展的直接受影响者，如果学校发展较好，学生是受益者，但学校一旦发展出现问题，则直接损害了学生的利益，因此，学生有权利参与到学校的管理中来，使独立学院的管理真正做到民主科学。独立学院的管理者也不应再把学生视为教育管理的纯粹客体，而应当看到学生的主观能动性，发挥其作用，使其成为参与学校管理的积极主体。

（1）培养学生参与学校管理所需的知识和能力

学生所具有管理知识的多少和能力的高低直接影响到其参与学校管理的效果。因为在参与过程中，学生需要参与拟定各种决策方案，而且还有对方案进行评估和分析，这些都需要学生具有一定的教育管理知识和决策科学知识，还要具备参与管理的实际技能。针对学生所缺少的这些知识素养和能力技能，独立学院可以对其进行技能知识培训，通过培训，老师给予学生具体、有效的帮助，让他们首先进行角色转变，让自己从普通的学生转变为管理参与者，然后通过一系列的课程帮助学生提高分析和解决问题的能力，以及团队协作配合能力，为学生参与独立学院的管理搭建一个高起点的操作平台。

（2）学校信息开放化，保障学生获取有效信息

学生参与学校管理的重要前提就是及时了解学校的信息，如果仍然沿袭以前的高校封闭管理模式，学生无法掌握与学校密切相关的信息，无法了解学校教育管理的运行状况，就难以发挥主观能动性参与到学校管理中。因此，独立学院应该建立一个完善的信息沟通系统、通畅的信息沟通渠道，通过这些系统和渠道让学生及时获取学校的教育管理信息，使学院的教育管理工作信息有较好的透明度。那些关乎学校发展的重大问题以及学生切身利益的敏感性问题，更应该让学生了解。近些年来，部分学校做到的校务公开就是一种新型民主管理制度，有利于学校内部的信息沟通交流。现代信息技术的发展也为学校的信息公开化提供了多样化的手段，如通过校园网的信息发布系统、BBS学校论坛、电子信箱系统等能使管理者及时与学生进行信息传递，使学生及时获取所需的相关信息。

（3）学校积极拓展学生参与管理的渠道和路径

学生的参与权从目前的情况来看，其范围小、程度低，独立学院应当鼓励学生从学校的多个层面以及管理工作的多个环节来参与学校的管理工作。与学生密切相关的政策、制度及规范在制定的时候，应当有学生代表的参与，通过学生代表来反映学生的意愿与要求，而且政策规范的可行性，也需要广泛的学生基础；这些规章制度在执行过程中也应该有学生参与其中，使学生在这个执行过程中承担起相应的责任；管理过程中的新问题和新情况也应该通过意见反馈渠道反映到学校管理层中，才能使学校的各项政策规章不断改进和完善，具有针对性。同时也该加强学生参与学校管理的组织建设，除了学生会等代表学生权利的学生组织外，也可以设立一些参与大学管理的委员会，学生代表参与到这些委员会中，代表广大学生群体的利益，行使权力。

（4）学校不断健全学生参与管理机制

学生参与权的落实还需要通过一定的参与机制来保障。首先，是建立必要的激励机制，激励学生参与学校管理。激励机制包括物质激励和精神激励。激励机制给学生提供了源源不断的动力，使学生有了参与的热情。其次，是健全的民主监督机制。学生应当成立相对独立的民主监督机构，来监督学校的各项管理工作，从学生的教育教学到日常生活，这些监督机构可以对校内教学管理工作进行评论和建议。最后，是学校的管理决策机制。该机制可以保证学生多方参与到决策咨询过程中，构建决策相关者的利益表达机制。

6.2 独立学院未来走向

2003年《关于规范并加强普通高校以新的机制和模式试办独立学院管理的若干意见》正式提出"独立学院"这一新名词，赋予了独立学院正式登上历史舞台的政策依据。从独立学院的雏形——二级学院开始发展至今，也才十余年的时间，因此，独立学院仍处于变化发展中。2008年《独立学院设置与管理办法》对独立学院提出了"五年过渡期"的要求和规定，如今"五年过渡期"已过去，独立学院今后的发展趋势众说纷纭。要想准确判断独立学院未来走向，必须结合我国高等教育发展的大背景以及未来高等教育的需求与变化。综合理论界、学术界各专家学者的观点，笔者对独立学院未来走向进行了简单的归纳，比较有代表性的主要有四种：脱离母体，转设为民办高校；依赖母体，并入母体高校；完成使命，逐渐消失；长期存在。

6.2.1 脱离母体，转设为民办高校

持这种观点的专家学者认为，独立学院经过这些年的发展壮大，严格执行有关法律法规的规定，不论是师资、办学设施还是管理队伍各方面都达到了规定的标准，不再需要母体高校的扶持，从而完全脱离母体。独立学院由创办初期依托母体高校的优势，到最后形成了自己独具特色的品牌，达到了真正的"独立"，成为独立的民办高校。

而母体高校则只需履行公益性的职责。著名教育家潘懋元认为："当独立学院在政策鼓励和母体庇护与哺育下成长壮大的时候，就应该允许它在不造成国有资产流失的条件下，从母体彻底分离出去，成为完全的独立学院。翅膀硬了，羽翼丰了，独立飞翔是进化的规律。"[①]在这种社会发展的自然法则指引下，独立学院极有可能脱掉母体高校光环，真正独立发展，成为真正的民办高校。另外，随着教育领域改革的深入，国家政策逐渐偏向于大力支持民办教育的发展，因此，独立学院很有可能脱离母体，成为真正意义上的民办高校。本研究认为大部分的独立学院未来走向将会是转设为民办高校。

国家允许创办独立学院的初衷从某种程度上可以看成是对民办教育的扶持。若独立学院能够脱离母体，完全独立，则说明独立学院已经发展成熟，也就表示民办高等教育发展到了一个崭新的阶段。这也是社会希望的局面，完全符合国家创办独立学院的初衷。

6.2.2 依赖母体，并入母体高校

持这种观点的学者认为，有些独立学院经过"五年过渡期"的发展之后，不能达到相关法规的规定，从而取消独立的资格，并入母体高校，其师资、管理、教学等各方面都隶属于母体高校。但是，与独立学院的前身民办二级学院不同的是，这种情况下并入母体高校，其性质是公办的性质，接受母体高校的领导。这种情况出现的原因主要有：第一，随着社会的发展，人口呈现出越来越少的趋势，导致高等学校生源也越来越少。高等学校招生将出现较大的阻碍，再加上独立学院数量过多、竞争激烈等，独立学院的发展将面临较大的危机。从而，独立学院生存条件不足，只能并入母体高校并由母体高校接管。第二，在独立学院未来发展道路上，有可能出现投资方退出投资的问题，这样一来，独立学院将不再能够依靠民间资本来办学，这违背了当初举办独立学院的初衷。在这样的情况下，独立学院不得不并入母体高校，成为母体高校的组成部分。

---

① 潘懋元：《羽翼丰了，就要独立飞翔——潘懋元教授谈独立学院的崛起、问题及前景》，载《中国教育报》2004年第8期。

6.2.3 完成使命，逐渐退出历史舞台

这种观点认为，独立学院是在我国高等教育大众化的大背景下应运而生的。它只是我国高等教育发展特殊阶段下出现的一种短期办学机构，它的产生只是为了缓解特殊阶段教育资源不足、教育需求过大的矛盾而已。它的产生与发展既深化了我国高等教育体制的改革，也吸纳了大量的社会资金；既缓解了高等教育扩招与教育资源短缺的矛盾，也满足了广大人民群众接受优质高等教育的热切希望。但是，随着我国经济的发展，以及未来高等教育生源逐渐减少，独立学院创办之初的教育资源不足与人民对高等教育的渴求之间的矛盾将慢慢消失。持这种观点的专家认为独立学院在未来完成了当初的使命，因此渐渐淡出人们的视野，退出历史舞台，从而渐渐走向消亡。当然，不可否认，还有部分独立学院消亡是由别的因素引起的，比如民营资本的突然退出、独立学院数量过多且管理不到位，导致在竞争中惨遭淘汰或者公立高校找到了新的更具活力的办学形式，导致独立学院退出历史舞台。

6.2.4 长期存在说

持这种观点的人认为，独立学院是一种打破传统的办学模式，是我国教育体制改革的重大突破。它在没有国家财政投入的情况下解决了人们接受高等教育的需求问题，也解决了我国财政不足导致的高等教育发展的各个困境。在这么短的时间内，我国独立学院最多时发展到300多所的规模，将公立高校的资源和市场机制进行了完美的结合，达到了双重优势结合的可能。虽说独立学院只是我国高等教育的一种尝试，但是它的出现完美地填补了我国办学体制的空白，也丰富了高等教育的类型。因此，有人认为，从某种程度来说，独立学院这种办学模式打破了公立和民办的二元对立，是除了民办高校和公立高校以外的一条新路，它将会作为一种混合性的模式长期存在。

6.3 广东省独立学院与母体高校关系健康发展的现实选择——转设为民办高校

6.3.1 广东省独立学院转设为民办高校的必要性分析

6.3.1.1 广东省独立学院转设为民办高校是寻求自身发展的现实需要

广东省开办最早形式的独立学院是在1999年,到如今已经十余年时间。在这十余年时间里,广东省独立学院取得了较好的发展,不论是独立学院的数量还是独立学院办学质量都有了一个突飞猛进的发展。然而,同全国各省的独立学院一样,广东省独立学院在迅速发展的同时,也出现了许多的问题。这些问题的出现基本上是由于该省独立学院办学体制不顺、产权不清晰以及管理不独立等原因造成该省独立学院在办学中对母体高校的过度依赖,无法办出特色。

正是由于广东省独立学院对母体高校的过度依赖,从而引发了一系列制约独立学院自身发展的关键问题。例如,独立学院专业设置方面对母体高校的依附性导致独立学院的专业与母体高校普遍相同。根据学者费坚2006年对独立学院的调研情况来看,全国独立学院与母体高校专业设置雷同的达95%;同时同一类型、层次独立学院间专业设置雷同,专业设置雷同率达50%以上①。所以,不论是广东省还是国内其他省份,一律存在专业设置与母体高校雷同的问题。另外,大多数独立学院的管理人员很多也是来自于母体高校,他们将母体高校的管理模式、管理思路运用到独立学院中来。因此,独立学院不论是在专业设置方面还是在教学管理方面基本依赖母体学校,缺乏自身特色的人才培养。另外,独立学院对母体高校的过度依赖,导致独立

---

① 赵观石、欧阳琰:《独立学院发展的问题与对策探析》,载《辽宁教育研究》2007年第4期。

学院"教学半独立""管理半独立"甚至"财务半独立",最终使得独立学院整体运行都处于"半独立"的状态,严重影响了独立学院的发展。由于独立学院对母体高校的过度依赖,导致所有的独立学院都要定期向母体高校交纳20%~40%不等的学生学费收入,另外投资方也要求有一定的利益回报。这样一来,可能导致独立学院出现财政上的困难,从而影响发展。独立学院对母体高校的过度依赖,还有一个比较直接的严重后果,那就是导致独立学院无法办出自身的特色。独立学院与母体高校产权混乱,这种理不清的"母子"关系,使得独立学院各方面都依赖母体高校,从而必然不会去主动探究如何办出特色、如何健康发展的问题了。

总的来说,要使独立学院健康持续地发展下去,脱离母体高校才是解决问题的关键。试想独立学院若脱离了母体高校并转设为民办高校,自然就失去了母体高校的光环,必将接受市场最公平的选择。也只有这样,独立学院才能理清思路,科学定位。独立学院只有真正从市场的角度出发,生存才会有保障,才会有发展的可能。独立学院也只有做到真正地独立,才能在内部领导体制、专业设置、财务等各方面真正的采用民营机制,找准自身的定位也就能办出自身的特色。

6.3.1.2 广东省独立学院转设为民办高校是社会教育公平的必然要求

事实上,独立学院自创办之日起,就在诸多方面引起过争议,涉及教育公平方面的争议自然也是不少的。下面来简单分析一下独立学院现在的这种存在模式对教育公平产生的几点影响。

(1)独立学院与母体高校现存的这种理不清的"母子"关系,实际上在某种程度上造成了受教育机会的不公平

独立学院的录取机制实际上是属于"低门槛、高收费"的机制。一般来说,独立学院主要录取分数未到普通本科分数线的学生,也就是本科第三批次,而收费却是比普通本科的收费还要昂贵。面对这样的高学费,一般家庭都是承受不起的。当然,这对于家庭条件较好的家庭来说,是非常乐意的,因为子女可以以相对较低的分数来获得这种受教育的机会。这也在一定程度上推进了我国高等教育大众化的进程。然而，能够承担得起这种高额学费的家庭毕竟不是多数，大多数家庭根本无法承受这种高额的收费，只好放弃接受高等教育的机会。独立学院这种"高收费、低门槛"的价值取向与高等教育的公益性产生了偏离，不利于社会的稳定和发展，也在一定程度上带来了教育机会不平等的问题。

（2）独立学院对母体高校现存的依赖，严重损害了母体高校学生的利益

2003 年《关于规范并加强普通高校以新的机制和模式试办独立学院管理的若干意见》规定："申请者要对独立学院的教学和管理负责，并保证办学质量。申请者要充分发挥校本部的智力、人力资源优势，切实加强独立学院的教师队伍和管理队伍建设，建立并不断完善独立学院教学水平的监测、评估体系。"① 这就要求母体高校要对独立学院的教学、管理、师资力量等方面进行帮助和监督，而独立学院每年向母体高校交纳学费20%～40%的管理费以作为回报。反过来，母体高校应该支持独立学院的办学，帮助其解决在发展过程中的出现的问题。有了法律法规的保障，独立学院在创办之初就大胆地利用母体高校的各种优势来招生办学，如利用母体高校"名牌大学"的优势、母体高校师资优势、教学管理以及办学条件等各方面的优势。因此，独立学院与母体高校的学生接受的是差不多的教育，与母体高校学生共享师资、教育资源等等，这就导致本来就日益紧张的母体高校资源变得更加紧缺，教师工作量过大，师生比严重超标，影响了教学的质量，从而在一定程度上对母体高校学生的利益产生了冲击。

（3）独立学院的现存模式大大冲击了民办高校的生存

独立学院"为公"还是"为民"的本质一直备受关注，但也一直没有定论。所以说，独立学院的存在兼具了公办高校和民办高校的两重优势，既无公办高校的责任风险也无民办高校的办学风险。因此，独立学院依靠相关政策的保障，从创办之初就处于较高的起点，这对于普通的民办高校来说是一种不公平的竞争，也对民办高校的发

---

① 教育部：《关于规范并加强普通高校以新的机制和模式试办独立学院管理的若干意见》（教发〔2003〕8 号）。

展造成了很大冲击。如果不改变现存的这种状态，独立学院一直依靠公办高校做后台，同时又享受着民办高校的政策，这对民办高校的生存与发展将产生很大的影响。

6.3.1.3 广东省民办高等教育结构调整及高等教育事业的发展需要

广东省民办高等教育起步较早，发展也较快。近年来，广东省民办高校以及在校生人数逐年增加，呈现出广东省民办高等教育蓬勃发展的态势（见表6-1）。

表6-1 近年来广东省民办高等教育简要情况表

年份	民办高校数目（所）	在校生数（万人）
2000	6	1.5
2006	24	19.1
2007	28	/
2008	43	31.9
2009	44	36.4
2010	47	37.2

注：该表依据相关网站数据统计而成。

从表6-1可以看出，广东省民办高等教育发展态势较好，然而在该省民办高等教育发展迅速的同时，也隐含着一些问题。据调查统计，广东省民办高等教育存在结构发展不太平衡的问题，非学历教育的民办高等教育所占比例过大。而非学历教育的民办高等教育属于层次较低的民办高等教育，这不利于广东省民办高等教育办学水平的提高。因此，要使整个民办高等教育快速平衡发展，就必须适当调整整个民办高等教育的结构。那么如何调整民办高等教育的结构才是最合理的呢？目前来看，将重点放在民办学历教育和本科教育上是最好的选择。那么，在整个广东省民办高等教育结构调整中，谁来承担主要任务呢？广东省现有的民办高校大部分处于办学条件不足的水平，因而不能完全依赖现有的民办高校来改变整个民办高等教育的结构；而普通本科高校，更加不可能转制为民办高校。笔者认为，在这个过程中，独立学院适宜担此重任。独立学院是属于民办机制运行的本科层次的学校，但其起点比普通的民办高校又要高。因此，广东省独立学院可成为该省民办高等教育结构调整的中流砥柱。这就要求广东省独立学院脱离母体高校，向民办高校转型。

6.3.2 广东省独立学院转设为民办高校的可行性分析

6.3.2.1 现有的相关法律法规为广东省独立学院转设为民办高校提供了政策支持

在现有的法律法规中，最早提出独立学院"转设"的是《教育部关于"十一五"期间普通高等学校设置工作的意见》（教发〔2006〕17号）。该文件明确规定："独立学院视需要和条件按普通高等学校设置程序可以逐步转设为独立建制的民办普通高等学校。"①

在明确提到独立学院转设问题的文件颁布之前，还有一些具有导向性的意见和政策。如2003年周济部长曾在《促进高校独立学院持续健康快速发展》中提到，规范独立学院关键是突出第二个重要特征，即突出一个"独"字，在制度创新上，突出一个"民"字。"独立学院应该是一个民办机制的学校，由普通高校和社会力量合作举办，不是原来意义上的公办高校；独立学院不靠政府投入，其投入主要是合作方承担或者以民办机制共同筹措，收费也是按照国家有关民办高校招生收费政策制定。"②周济部长的这些意见着重体现出独立学院"民、独、优"的特质，同时也为独立学院以后的转型提供了指导性意见。

另外，教育部2003年出台的《关于规范并加强普通高校以新的机制和模式试办独立学院管理的若干意见》中对独立学院的态度是

---

① 教育部：《教育部关于"十一五"期间普通高等学校设置工作的意见》（教发〔2006〕17号）。

② 周济：《促进高校独立学院持续健康快速发展》，载《教育发展研究》2003年第8期。

"稳定规模、规范管理、提高质量",这就说明教育部对独立学院以往的管理其实是不够规范的。而 2008 年《独立学院设置与管理办法》从独立学院的设立到法律责任,各方面都有涉及,它实际上是教育部对独立学院进行规范管理的重要依据。《独立学院设置与管理办法》在附则中出现了独立学院"五年过渡期"的提法,也就是说在其颁布实施之前设立的所有独立学院需以 5 年为考察期限,按照规定来对各方面进行调整。5 年期限之后,若基本符合规定的独立学院可以提出考察申请,经省级教育行政部门审核后可报教育部组织考察验收。那么,教育部此举是出于何种目的?事实上,在《独立学院设置与管理办法》中指出"独立学院是民办高等教育的重要组成部分,属于公益性事业",已经很明确地说明了对独立学院 5 年过渡期后进行考察验收是为了区分现有独立学院"为公"还是"为民",5 年过渡期后或者转成民办高校,或者并入母体高校。在 2008 年 3 月 5 日教育部发展规划司、政策研究与法制建设司联合下发的全国独立学院工作会议参阅材料《关于〈独立学院设置与管理办法〉的工作说明》中有明确的说法:"国家对已设独立学院给予了五年的过渡期,并明确了相关政策:①基本符合《独立学院设置与管理办法》要求的,由省级教育行政部门向教育部提出考察验收申请,教育部组织考察验收,并对考察验收合格的独立学院核发办学许可证。②符合普通本科高等学校设置标准的,可申请转设民办高等学校,颁发民办教育办学许可证。③既不申请考察验收,也不申请转设民办高等学校的,可继续教育教学活动,但必须按照《独立学院设置与管理办法》的要求,规范体制机制,充实办学条件,在保证教育质量的前提下,有序地做好报请验收或申请转设工作,过渡期结束后,严格按照《独立学院设置与管理办法》的要求办理。"从这里可以更加明确地看出教育部把考察验收、转成民办、维持现状作为独立学院今后的发展走向。

从各种政策倾向来看,独立学院的发展主流主要有两种:一是转设为民办高校;二是并入母体高校。然而在各种政策文件的指引下,独立学院由性质不分的民办高校逐渐地向真正独立的民办高校转型才是最合理的。

6.3.2.2 广东省部分独立学院已具备转设为民办高校的条件

广东省从20世纪90年代末期试办二级学院开始,就有了一定的举办独立学院的优良基础。经过十多年的快速发展,广东省独立学院不论是学校数量还是办学规模和质量都有了较大的飞跃,主要表现在随着该省独立学院办学资本的不断积累,办学经验也不断成熟,一些基本办学条件也都得到了优化。所以,广东省独立学院如今整体的办学条件和办学实力与举办独立学院之初相比有了很大的跨越。

然而,随着各个独立学院自身不断强大,发展日益成熟,其与母体高校之间也出现了一些不可避免的矛盾。独立学院希望能在有利的时机摆脱母体高校的控制,而有些母体高校又将独立学院视为"一块肥肉"不肯轻易让其独立发展,所以这种矛盾也是日益尖锐起来。从长久看来,独立学院要想健康持续地发展下去,就必须摆脱对母体高校的过度依赖,自主发展,也就是说独立学院必须真正独立起来并向民办高校转型。独立学院举办之初,因办学条件不成熟,不能单独办学,当然无法独立;而如今,广东省部分独立学院经过这么多年的发展与完善,已经具备独立办学的条件和基础,因此,应该放手让具备独立条件的那些独立学院去自主发展,完成转型。

6.3.2.3 国内独立学院转设为民办高校的进展情况

(1)"独立潮"首次出现——没有母体高校的光环,照样玩得转[①]

2011年3月,对于独立学院而言,别具意味:12所独立学院齐齐变身民办高校,相较于前几年的零星"独立",这是独立学院第一次出现集体"独立潮"。

哈尔滨剑桥学院(原黑龙江大学剑桥学院),就是其中之一。在学院负责人的眼里,学院身份的转变是一个瓜熟蒂落的自然过程。

剑桥学院原来挂靠在黑龙江大学名下,招生上得到了母体高校的支持。但目前学院各方面条件均已具备,没有必要继续挂靠。该负责

---

① http://old.thxy.org/keyan.asp?id=76.

人表示，双方在合作时，剑桥学院的人、财、物都是独立的，与黑龙江大学没有实质性的合作关系，所以独立过程中也不涉及人、财、物的矛盾。独立后，教师的待遇不变，生源状况也没有受到影响。

南方某独立学院负责人对这种合作关系解释得更明确，"在合办学院的时候，母体学校只收管理费，不管人财物。我们和母体学校的关系多少有点像借用品牌资源的意思"。

（2）湖北省11家独立学院转设成民办大学，获更多自主权①

从2011年起，湖北省11所独立学院先后已成为民办高校，将走差异化办学道路与公办大学竞逐市场。

湖北工业大学商贸学院转设为湖北商贸学院，中南财经政法大学武汉学院转设为武汉学院，华中农业大学楚天学院转设为武汉设计工程学院，华中科技大学武昌分校转设为武昌首义学院。5月25日，湖北省政府办公厅连发4个通知，宣布湖北省政府决定同意省内4家独立学院脱离母体"独立"。

而早在2006年，湖北就以29所独立学院的数量位居全国之首。2008年，教育部出台26号文件，支持独立学院转设，并要求5年内"独立"完毕。自2011年起，先后有汉口学院、东湖学院等率先脱离"母体"，截至2015年6月，湖北剩下24所独立学院，数量居全国第二。随着5月底的4所独立学院集体转设，至此湖北共有11家独立学院"独立"。

记者调查发现独立学院都希望通过转型、走差异化发展道路，与公办大学展开真正的市场竞争。

1）独立学院集体"断奶"

要么转设，要么撤销或合并，这是2008年教育部为独立学院开出的"处方"。1999年起，独立学院横空出世，知名大学出牌子、独立学院出钱的模式一直持续了十多年，独立学院起步晚、底子薄，要与"母体"脱离并非易事，但破茧而出才是必然出路。

从2011年起，湖北的几所独立学院开始"独立"，如华中师范大学汉口分校、武汉大学东湖分校、武汉科技大学中南分校，随后中

---

① http://hb.qq.com/a/20150622/015876.htm

国地质大学江城学院、武汉工业学院工商学院、华中科技大学文华学院、华中农业大学楚天学院等11所独立学院也纷纷完成转设。

转设后，这些高校均为独立设置的民办普通本科学校，业务主管单位为湖北省教育厅，定位都是应用技术类型高等学校，主要培养区域经济社会发展所需的应用型、技术技能型人才。

湖北商贸学院的举办者为武汉市激扬教育投资有限公司，全日制在校生规模暂定为15000人；武汉学院的举办者为武汉一丹教科文发展有限公司，全日制在校生规模暂定为12000人；武汉设计工程学院的举办者为武汉冈部投资有限公司，全日制在校生规模暂定为8000人；武昌首义学院的举办者为武汉军威文化传播集团有限公司，全日制在校生规模暂定为14000人。

湖北省政府要求上述办学企业进一步加大对学院的投入力度，改善办学条件，加强学科专业和师资建设；要求学院按照办学定位，服务区域经济社会发展需要和经济发展方式转变，创新人才培养模式，培养社会需要的应用型、技术技能型人才，不断提高教育教学质量和学生就业率，为湖北省的经济发展和社会进步做出更大贡献。

2）转设后获更多自主权

记者发现，目前湖北省已经脱离"母体"独立设置的学院，除了几家选择去除"母体"前缀外，不少独立学院选择"改头换面"。

一家独立学院相关负责人介绍，学校的更名主要取决于学校的办学特色及定位、学校的历史背景、学校所在区域地理等因素。如武汉科技大学中南分校更名为武昌理工学院、华中科技大学武昌分校独立后更名为武昌首义学院、华中农业大学楚天学院更名为武汉设计工程学院、中国地质大学江城学院更名为武汉工程科技学院，基本都突出了办学特色。

武汉工程科技学院宣传处副处长唐军国介绍，转设后的民办高校，在专业设置、教学管理制度改革、办学定位、专业硕士试点、协同创新、国际教育合作等方面将获得更多的自主权。

而转为民办学校后，各级教育、科技行政主管部门将民办普通高校纳入同级教育专项、科技专项扶持范围，重点用于支持此类学校的学科建设、教师培训、科学研究等；建立健全政府补贴、政府购买服务、助学贷款、基金奖励、捐资激励等制度，推动高水平民办普通高校建设。

同时，民办普通高校全日制普通本、专科学生在申请国家助学贷款、国家奖学金、国家助学金、学费减免，以及升学、就业、创业、转学、考试、交通优惠、医疗保险、户籍迁移、档案管理、评奖评优、伙食补贴、公务员招考等方面，与公办高校学生享受同等权利，有了这些"优惠"措施和政策，无疑给独立学院打了一剂强心针。因此，只要符合转设条件的独立学院，都纷纷选择了独立。

3）差异化竞争成民办大学共识

几乎所有独立学院转设后都面临两个问题，即维持现状还是寻求更大的发展？记者在采访了6所民办大学后得知，几乎所有学校都选择了走发展之路，为了能错位竞争，他们选择了不同的道路，将自己的特色尽情发挥，有的追加投资，有的请来明星办学，有的专攻重点专业。

腾讯创始人之一陈一丹投资20亿元在鄂办学的消息不胫而走，大家纷纷将目光投向于5月独立的武汉学院，原来武汉学院依托中南财经政法大学办学，运行情况一直良好。陈一丹确定投资后，武汉学院将迎来深度改革，一所新的校园已经竣工，腾讯精英班也将在"一本"招生，定位于国际化应用型大学的武汉学院宣布要将校企联合贯彻到底，以培养应用型人才为主要方向，而学校更确定办学性质为公益性大学。

2015年5月，成龙乘私人飞机来武汉办学的消息引起了不少人关注，他的学院就是转设后的武汉设计工程学院成龙影视传媒学院，由成龙担任院长，这也是成龙首次与国内高校合作开办此类学院。此外，成龙还带来了超豪华的教师团队：首席教授冯小刚、张国立，客座教授徐帆、李冰冰。该校表示，成龙亲自来办学与学校转设后的定位也十分符合，学校确定以艺术学和工学为办学方向，艺术生占学生总数的一半。

而中国地质大学江城学院转设的武汉工程科技学院则选择订单式培养人才，侧重走应用技术型人才。该院楚商学院院长黄义武介绍，学校由此前的20～30家校企合作单位，增加到一百多家，在人才培养上与企业共同制定人才培养模式，开设订单班，学生进企业开展工程实习实训教学环节将由现有的30%，计划上升至50%。此外，重点发展IT、物流、机械制造等市场需求较为旺盛的专业。以物流专业为例，学校邻近金口地区，汽车物流产业需求较大，学校将根据企业的用人需求、自身的特色及优势，将专业定位于汽车物流管理。

原华中科技大学武昌分校转设后的名字与以往差别最大，该校校长周进解释，武昌首义学院将注重培养学生吸收国际多元文化，目前已分别与美国、台湾地区开展了大学生海外交流、访学等项目，将进一步开拓与国外高校的交流项目，通过逐年增加海外友好学校国别和数量，提高合作层次，争取五年内海外友好合作院校达到2～4所，力争提升学校在境外影响力。

此外，还将有来自台湾的100名双师型专兼职教授将在武昌首义学院执教，与台湾龙华科技大学、侨光科技大学等十余所台湾高校签订合作交流备忘录，就学术交流、科研合作、教师交流、学生交流合作与联合培养等达成合作意向，引进台湾优质的教师资源，借鉴台湾现代职业教育先进的办学理念和经验。

（3）江苏省独立学院转设进程缓慢，目前只有无锡太湖学院成功转设

同样是教育大省，江苏省的情况却很特殊。南京航空航天大学金陵学院董事长黄飞健表示[①]，江苏省内25所独立学院大部分是母体高校投资，另有10多所高校的二级学院连户头都没有就直接招生。因此，省内只有江南大学太湖学院于2011年4月转设为无锡太湖学院，其他25所独立学院转设进程缓慢。为此，江苏省还专门出台了积极推进独立学院科学发展的措施[②]。

无锡太湖学院是江苏首家成功转设的民办本科高校。[③] 2011年6

[①] http://edu.sina.com.cn/gaokao/2016-01-27/doc-ifxnuvxc2066397.shtml.

[②] http://www.moe.edu.cn/jyb_xwfb/s5989/s6635/201201/t20120111_139301.html.

[③] 陈菁菁：《无锡太湖学院：江苏省首家成功转设的民办高校》，载《无锡商报》2011年6月20日。

月19日，无锡太湖学院揭牌仪式暨创新发展研讨会在市人民大会堂隆重举行。这标志着江苏省首家成功转设的民办本科高校和无锡市第一所应用型本科高校正式宣告成立。

时任十届全国政协副主席张怀西发来贺信。时任教育部党组副书记、副部长杜玉波，全国人大教科文卫委员会副主任委员、民进中央副主席王佐书，江苏省副省长曹卫星及全国部分高校代表出席揭牌仪式。

杜玉波表示：教育部将全力支持无锡太湖学院转型发展，支持学院在深化办学模式改革，满足人民群众多层次、多样化的教育需求方面进行大胆探索和实践。他要求各级政府加大对无锡太湖学院的支持力度，促进学院更好、更快发展。

据了解，目前江苏共有50所民办高等学校，其中民办高校25所，独立学院25所，在校生43.3万人，占全省普通高校在校生的26.2%。无锡太湖学院是省内首家由独立学院成功转设的民办本科高校。无锡教育的发展成为江苏教育强省的一个生动体现。时任副省长曹卫星充分肯定了无锡太湖学院的办学成绩，并希望学校能学习借鉴世界一流民办大学的成功经验，积极探索中国特色的民办高校办学之路，努力培养更多高素质应用型人才。

在无锡太湖学院主办的创新发展研讨会上，来自全国100多所民办高校的院长及专家、学者，围绕当前民办高等教育热点难点问题展开研讨。专家们认为，独立学院转设为独立设置的民办普通高校后，拥有更多的发展机遇。新转设的民办高校都具有独立的校园，具有完全独立的教学管理组织，生均占地、生均行政用房、生均教学仪器设备、生均图书都达到了教育部规定的本科院校的设置条件，且资产全部过户，没有后顾之忧。转设后拥有更大的办学自主权，办学经费更加充裕，专业设置、学科建设、人才引进更加灵活高效。

无锡太湖学院是经国家教育部批准建立的全日制、综合性、多学科的本科普通民办高校，其前身是2002年成立的江南大学太湖学院。十年来，学院实现跨越式发展，目前占地2000多亩，有全日制在校生13000多人，连续6届毕业生平均就业率高达99%。转设后的无锡太湖学院将以"建设有特色、高水平应用型大学"作为奋斗目标，努力建成国内有特色、高水平的民办本科大学。

6.4 广东省独立学院转设为民办普通本科高校的几点建议

6.4.1 省级主管部门出台相关政策是独立学院转设为民办高校的前提

独立学院是既不同于公办高校也不同于民办高校的办学模式，因此，在独立学院的发展中，广东省教育行政部门应根据独立学院的不同来为其创造不同的政策环境和法律支撑，以促进独立学院向健康持续的方向发展并逐渐独立于母体高校。事实上，教育部对于独立学院"独立于母体高校"以及"转设为民办高校"是支持并引导的，然而，广东省独立学院能否真正从母体高校独立出来，还要看该省教育行政部门的态度。在政策方面要保证独立学院的健康发展，主要是通过教育行政部门政策的扶持与法律保障两方面来实现，这是广东省独立学院与母体高校关系健康发展的重要途径。

6.4.1.1 政策扶持

广东省教育行政部门的政策扶持，是该省独立学院与母体高校关系健康持续发展的不可缺少的支撑。目前，我国关于独立学院健康发展的最直接的扶持政策是2003年教育部颁发的有关独立学院相关办学要求的《关于规范并加强普通高校以新的机制和模式试办独立学院管理的若干意见》和2008年教育部颁布的《独立学院设置与管理办法》。而在具体的政策运行中，有许多理论与实践不相适应的情况出现，要想真正解决实践中的问题，广东省教育行政部门就应该不断完善和健全与独立学院相关的政策法规。目前，广东省对独立学院规范发展进行约束的政策还很缺乏，独立学院目前的发展主要依靠自身和母体高校，这在很大程度上是不够科学的。因此，广东省独立学院要想真正独立于母体高校并转设为民办高校，就必须在落实现有政策的基础上，再增加一些新的教育行政部门的政策扶持，这才能保证独立学院的健康发展。

6.4.1.2　法律保障

广东省独立学院要想健康发展，其必不可少的支撑就是法律保障。独立学院的法律地位是否明确直接影响到独立学院的生存方式，是"独立的个体"还是"夹缝中的依附者"。只有独立学院真正有了明确的法律地位，才能保障其合法权益并引导其健康发展。现阶段，独立学院法律保障的最直接的办法就是应该对现有的《民办教育促进法》进行完善，也可以出台专门的关于独立学院的法律。不管是以什么法律的形式来进行保障，关键都是要以法律的形式确立独立学院的法律地位，对各种无形和有形资产进行明晰，还要对合作方与投资方获得"合理回报"的方式和程度进行引导等等。只有在对现有法律进行完善并在此基础上对独立学院给予法律上的支撑和保障，才能保证独立学院在未来发展的道路上逐步迈向健康的方向。

6.4.2　独立学院与母体高校都转变观念是独立学院转设为民办高校的基础

6.4.2.1　母体高校转变管理观念

母体高校要转变原始的管理观念，绝对不能一直把独立学院等同于隶属校内的其他二级学院来进行管理。根据2003年《关于规范并加强普通高校以新的机制和模式试办独立学院管理的若干意见》的规定，独立学院必须具有独立法人资格，因此，独立学院与母体高校是平等且独立的两个主体。尽管各项政策法律包括《关于规范并加强普通高校以新的机制和模式试办独立学院管理的若干意见》在内都要求母体高校对独立学院的教学和管理负责。但是，笔者认为，这种负责指的是在宏观上引导、监督独立学院办学，并保证独立学院的办学质量，而不是把独立学院看成附属的机构。因此，母体高校要帮助独立学院来构建有效的内部管理体制，而不是控制其领导权、管理权。母体高校要利用自身的资源优势，加强独立学院的教学和管理队伍建设，而不是一直处于由母体高校派出管理人员和教师队伍的格局。另外,母体高校也要根据独立学院的实际情况,对独立学院的专业设置、人才培养目标等各方面进行指导,并建立教学质量监测评估体系,而不是一味地平移母体高校的热门专业、盲目地复制母体高校的人才培养计划和教学方案。除此之外,母体高校绝不能仅仅把独立学院当成盈利的工具。母体高校也要从独立学院长远的发展来考虑,不急功近利,要敢于放手并及时放手,这样独立学院才能达到自立自强的目标。

6.4.2.2 独立学院转变办学观念

独立学院也要转变原始的依赖心理,转变原始的办学观念。独立学院只有做到自强才能达到自立的效果,也只有办出自己的特色、树立了自己的品牌,才能在竞争中取胜,也只有这样才有机会改变依附母体高校的现状。独立学院要依据自身实际情况进行准确的定位,将母体高校的办学理念与办学经验等进行合理地采纳和内化,在此基础上建立起自己的特色。独立学院要在依托母体高校的办学优势的基础上,结合社会发展的需要以及学生的实际情况,进行合适的专业设置,不能盲目地复制母体高校的热门专业;人才培养计划和教学计划也必须依据独立学院本身的特点和特色来制定。独立学院只有创建了自己的办学理念才能树立起自身的特色,也才能改变对母体高校的依附命运。

6.4.3 进行资产清算是独立学院转设为民办高校的关键

就广东省独立学院整体来说,不论是办学主体还是投资主体都是比较复杂的,比如投资主体有单一投资方、双投资方以及混合投资方等等。就投入的资产来看,投资形式又有无形资产和有形资产之分。在广东省独立学院创办初期,母体高校对独立学院投入的无形资产包括教学管理资源、名牌效应等等都没有进行作价,这样一来便给母体高校与独立学院的资产清算过程造成了较大的难度。现实表明,不论是专业的还是非专业的资产评估机构,都没有比较成熟的方法来对教育中的无形资产进行妥善的评估。然而,独立学院要真正做到独立,与母体高校脱离关系，走自主自强的道路，首先就要与母体高校进行资产清算。因此，出于这一考虑，广东省教育行政部门应该对母体高校所投入的无形资产进行评估作价，使得独立学院和母体高校双方都对资产有一个比较清晰的了解。若这种无形资产的作价不能一次性算断，那么可以在独立学院真正独立后以其他形式继续延伸。

6.4.4 建立与完善教育质量监督体系是独立学院转设为民办高校的保证

不论是广东省内独立学院还是全国其他省份的独立学院，自创办之日起，其规范性问题一直引起各界人士的猜疑。然而，人们所不知的是独立学院办学不规范并不是这种办学体制本身造成的，而是由不健全的管理体制引起的。在独立学院兴起之初，相关教育部门并没有建立任何监督独立学院规范办学的机制，这就导致了独立学院在办学中出现过多不规范的办学行为。教育部2003年颁发了《关于规范并加强普通高校以新的机制和模式试办独立学院管理的若干意见》，对独立学院的规范发展进行了明确的指引。在相关法律法规的监督指引下，广东省逐渐出现一批实力较强、教育质量较高的独立学院，获得了社会各界人士的认可。

然而，在各省独立学院相继宣布独立之后，广东省独立学院的独立问题也引发了人们的关注。独立学院的"独立"问题引起了人们对广东省独立学院一旦真正独立之后如何保证办学质量问题的思考。许多人认为，独立学院独立之后，可能因失去母体高校的监督和引导而出现不能做到诚信办学、不会将教育质量作为办学的重心等等一系列问题。纵观独立学院与母体高校脱离关系的主要目的，我们便可除去这些疑虑。独立学院与母体高校脱离关系是两者关系健康发展的必然归宿，有利于独立学院摆脱对母体高校的过度依赖，促进其自主自强，树立自身特色和品牌，从而达到提高办学质量的最终目的。但是，独立学院独立于母体高校，也肯定会减弱母体高校对独立学院的监管和引导，因此，为了保证广东省独立学院在真正独立后还能够有较高的教育质量，广东省教育行政部门就必须建立独立学院质量监督体系，以便对独立学院的办学质量进行有效的监督。建立比较完善的质量监督体系主要可从以下几个方面来考虑：第一，尽管独立学院独立于母体高校，但是母体高校可继续对独立学院的办学进行指导；第二，教育行政部门可出台相关政策，对不规范的办学行为进行严惩；第三，对申请举办独立学院的门槛要认真把关，不能过于草率；第四，将母体高校、教育行政部门以及独立学院自身结合起来，使其主动积极地对独立学院的办学质量进行严格的监督。

6.4.5 树立自身品牌，彰显办学特色是独立学院转设为民办高校的根本

独立学院的特色是培养优秀人才的关键所在。然而，近年来，广东省甚至全国各地各独立学院为了提高自身的办学层次，完全不顾实际发展情况，盲目效仿母体高校，导致丧失独立学院的办学特色，毫无竞争优势。独立学院都是在母体高校品牌效应的笼罩下发展起来的，在很大的程度上承载了母体高校的办学风格，有些独立学院甚至连办学理念、人才培养目标都是盲目照搬母体高校的。这样就导致了广东省独立学院与母体高校关系不清的现状，要想两者关系健康发展，很重要的一点就是独立学院需树立自身品牌，彰显办学特色。要达到以上要求，就必须从以下几个方面来实施。

6.4.5.1 独立学院需准确定位，突出办学特色

准确定位是独立学院特色发展的前提。独立学院是介于普通高校和职业技术学院之间的一种特殊办学模式，因此，独立学院应该定位为应用型本科院校，着重培养高级应用型人才。

这种定位要求独立学院面向地方和区域社会、经济发展的需要，形成办学特色。首先，要形成独具特色的培养目标。独立学院的人才培养应根据社会发展的需求，使学生不仅能掌握一般理论更能熟练掌握实际应用技能。也就是说，独立学院培养出来的学生应该在实践方面超过高等职业技术学院的学生，在理论方面又要有好的基础理论知识体系，这就是独立学院与其他高等院校的比较优势所在，也就是独立学院人才培养的特色所在。其次，要形成有特色的办学定位。独立学院要有独特的风格，使其办学特色成为各项工作的统一认识，使各

项工作都能反映出办学特色。在办学思想上，独立学院要坚持民办机制，相对独立并整合各方面优质资源。在学科专业上，独立学院要面向地方，以应用型专业为主，发展更多优势学科和特色专业。

6.4.5.2 设置符合实际的特色专业

独立学院要树立自身品牌，其专业设置是比较重要的一个方面。面对专业设置问题，独立学院首先要解决的是如何调整现有专业，办出自己的特色专业。根据教育部要求，独立学院的专业设置应着力面向地方经济发展的需要，特别是要创造条件发展社会急需的专业，也就是品牌专业和特色专业。因此，独立学院专业设置不仅要适应经济发展的需要，还要紧跟科学技术的发展，更重要的是要以独立学院自身实际特点为依据。因此，独立学院需对学科专业进行总体规划，把重点放在特色专业的建设上。所谓的特色专业不仅仅是与普通高校相比，也应该与同类独立学院相比来体现出特色和优势。因此，独立学院的专业设置要培养出社会需要的应用型人才，有自身生存的空间，同时要广泛采纳各界人士的意见。

总的来说，独立学院在设置专业时，一方面要继续加强传统学科的建设，发挥其优势，以期培养出特色专业；另一方面，也应根据市场整合的需要以及学科交叉，培育出新的特色专业，大力提高自身办学水平。另外，独立学院特色专业的建设要始终坚持个性化的特征，不仅在专业设置上要有个性化的体现，培养目标特色彰显，而且在课程体系建设中也要体现个性化特征，以满足不同学生的个性化发展。

6.4.5.3 建设一支高素质的教师队伍

教师队伍的建设也是独立学院树立自身品牌时非常重要的环节。其原因在于独立学院的办学水平和办学质量首先依赖于教师队伍的质量。在前文中，笔者曾提到，当前广东省独立学院教师队伍主要来源于母体高校、各个独立学院专职教师以及以返聘退休教师和专家学者等兼职教师。而且，当前广东省独立学院师资队伍亟待优化，缺乏年青教师，这严重制约了办学水平的提高。因此，建设一支高素质的教师队伍也是独立学院树立自身品牌、增强竞争优势的必要举措。

6.4.5.4 建设独具特色的校园文化

建设独具特色的校园文化是独立学院树立自身品牌的精神支柱。特色校园文化建设是独立学院品牌建设的一个主要方面,其建设既要借鉴商业领域里品牌建设的成功经验和做法,还要考虑独立学院内文化品牌的特殊性,在建设实施的过程中要形成具有特色和具有可操作性的体系。①

独具特色的校园文化主要可从以下几个方面来建设:首先,要提高独立学院现有校园文化的价值,也就是说要获得大多数人的认可,这就意味着特色校园文化要紧跟大学生的发展需要。在实践中,注意发挥学生的主观能动性,使学生们都有机会来展示自己。另外,独立学院还要引导学生们来创新校园文化,使得校园文化的价值永葆先进性。其次,要使特色的校园文化的文化内涵得到提升。要让特色校园文化的文化内涵有所提升,既要体现出时代感,又要切合独立学院的校园实际,更要体现出"以人为本"的重要内涵。再次,特色的校园文化更要进行个性化建设。在具体实践中,考虑师生的需求和兴趣,建设其校园文化的品牌。最后,特色的校园文化建设更要对校园环境进行特色建设。校园环境是最能反映一所学校的特色和个性的。个性鲜明的校园环境更能在一定程度上显示出一所学校的特色所在。

---

① 阙海宝:《独立学院经费问题探讨》,载《煤炭高等教育》2005 年第 5 期。

参 考 文 献

[1] [美] 亨利·罗索夫斯基. 美国校园文化——学生·教授·管理[M]. 谢宗仙, 等, 译. 济南: 山东人民出版社, 1996.

[2] [美] R. H. 科斯, A. 阿尔钦, 等. 财产权利与制度变迁: 产权学派与新制度经济学派译文集[M]. 刘守英, 等, 译. 上海: 上海三联书店, 1991: 204 – 205.

[3] 吴春岐. 公司法[M]. 北京: 中国政法大学版社, 2006.

[4] 张维迎. 大学的逻辑[M]. 北京: 北京大学出版社, 2004.

[5] 贺德芬. 大学之再生: 学术自由·校园民主[M]. 台北: 时报文化出版企业有限公司, 1991.

[6] 卢现祥. 西方新制度经济学 (修订本) [M]. 北京: 中国发展出版社, 2003.

[7] 杨炜长. 民办高校治理制度研究[M]. 长沙: 国防科技大学出版社, 2006.

[8] 李福华. 大学治理的理论基础与组织架构[M]. 北京: 教育科学出版社, 2008.

[9] 董圣足. 民办院校良治之道: 我国民办高校法人治理问题研究[M]. 北京: 教育科学出版社, 2010.

[10] 洪源渤. 共同治理: 论大学法人治理结构[M]. 北京: 科学出版社, 2010.

[11] 周济. 促进高校独立学院持续健康快速发展[J]. 教育发展研究, 2003 (8).

[12] 袁韶莹, 齐凤和. 试论我国独立学院的发生、发展与前景[J]. 现代教育科学, 2005 (4).

[13] 尹伟. 独立学院的发展历程与特征探析[J]. 教育发展研究, 2007 (8).

[14] 刘凤泰. 从专项检查看独立学院的生成与发展[J]. 中国高等教育, 2005 (17).

[15] 刘翠秀. 独立学院管理体制与运行机制的构建[J]. 国家教

育行政学院学报,2006(11).

[16] 李福华.利益相关者视野中大学的责任[J].高等教育研究,2007(28).

[17] 王建华.从自治到合作:联合国教科文组织关于大学理念的新观点[J].外国教育研究,2004(2).

[18] 张婕.高等教育战略管理的若干基本问题[J].教育研究,2006(11).

[19] 孙天华.大学治理结构中的委托—代理问题:当前中国公立大学委托代理关系若干特点分析[J].北京大学教育评论,2004(4).

[20] 胡仁东.现代大学内部治理结构探析:基于影响力的视角[J].现代大学教育,2005(2).

[21] 苗庆红.民办高校治理结构的演变研究[J].中国高教研究,2005(9).

[22] 韩民.完善法人治理结构,促进民办高等教育可持续发展[J].中国高等教育,2006(8).

[23] 胡四能.民办高校法人治理结构研究[J].高等工程教育研究,2006(6).

[24] 董普,朱小平,田高良.完善独立学院法人治理结构的思考[J].中国高教研究,2009(9).

[25] 彭宇文.高校法人治理结构的构建[J].教育研究,2005(3).

[26] 黄崴.公办高校法人治理结构及其建设[J].高等教育研究,2008(8).

[27] 牟阳春.独立学院:我国高等教育新一轮发展的历史性选择[J].教育发展研究,2004(4).

[28] 刘宝存.美国私立高等学校董事会制度评析[J].比较教育研究,2000(5).

[29] 王文源.规范和引导独立学院发展的新举措[N].中国教育报,2008-04-07.

[30] 潘懋元.羽翼丰了,就要独立飞翔:潘懋元教授谈独立学

院的崛起、问题及前景［N］．中国教育报，2004－8－20．

[31]［荷兰］佛兰斯·F. 范富格特．国际高等教育政策比较研究［M］．王承绪，等，译．杭州：浙江教育出版社，2001．

[32] 王英杰．美国高等教育的发展与改革［M］．北京：人民教育出版社，1993．

[33] Tapper T. The Governance of British Higher Education：The Struggle for Policy Control［M］. Dordrecht：Springer, 2007.

[34] 赵旭明．民办高校治理研究［M］．北京：中共中央党校出版社，2006．

[35] 陈列．市场经济与高等教育［M］．北京：人民教育出版社，1998．

[36] 张斌贤．现代国家教育管理体制［M］．上海：上海教育出版社，1995．

[37] 赵旭明．民办高校治理研究［D］．北京：中共中央党校博士论文，2006．

[38]［加］约翰．范德格拉夫，等．学术权力：七国高等教育管理体制的比较［M］．王承绪，等，译．杭州：浙江教育出版社，2001．

[39] 陈永明．当代日本私立学校［M］．太原：山西教育出版社，1996．

[40] 王军．日本私立学校与法制［J］．外国教育研究，1996（1）．

[41] 刘镇秀．利益相关者视角下的独立学院治理结构研究［D］．青岛：青岛大学，2009．